EL HOMBRE QUE RÍE

Biografía política de Carlos Federico Ruckauf

Diseño de tapa: María L. de Chimondeguy / Isabel Rodrigué

HERNÁN LÓPEZ ECHAGÜE

EL HOMBRE QUE RÍE

Biografía política de Carlos Federico Ruckauf

EDITORIAL SUDAMERICANA
BUENOS AIRES

IMPRESO EN LA ARGENTINA

Queda hecho el depósito
que previene la ley 11.723.
© 2000, Editorial Sudamericana S.A.®
Humberto I° 531, Buenos Aires.

www.edsudamericana.com.ar

ISBN 950-07-1916-9

© 2000, Hernán López Echagüe

A Laura. Cuerpo y color de estas páginas.

"Es una sonrisa arrojada a través de un abismo. Todo el maloliente mundo civilizado yace como un tremedal en el fondo del foso, y por encima, como un milagro, revolotea su indefinible sonrisa."

HENRY MILLER, *Trópico de Cáncer*

Introducción

EL HOMBRE DE LA FOTO

El gobernador ha hecho a un lado el bastón de mando, también la sonrisa, y ahora tiene el cuerpo inclinado sobre la pequeña maqueta de cerámica y madera del cuerpo de la virgen de Luján. Su mano derecha, surcada por un enjambre de venas gruesas, venas atentas y golosas, está crispada a la altura del ombligo de la figura celeste. La izquierda, en cambio, aparece tímida, blanda, sosteniendo el trasero de la inmaculada señorita. En el perfil inclinado que ofrece, en particular si uno repara en el ojo entrecerrado, a la deriva, víctima del embeleso que le causa el momento, el gobernador da la impresión de ser un hombre más viejo y resignado de lo que en realidad es. Besa a la virgen. En el pecho derecho. El fondo de la escena es un manto azul índigo, apenas distraído por el cráneo dorado, informe y serpentino, de un sol bandera que el gobernador que se retira, Eduardo Duhalde, inventó con el propósito de obsequiarle a la provincia de Buenos Aires un símbolo único e inconfundible. La espalda del saco negro del gobernador que asume está repleta de dobleces, de arrugas. En la fotografía lo que sobresale e impera es él, el cuerpo quebrado, exprimiendo los labios sobre el pecho de la virgen. Es un beso cargado de agradecimiento. Es un hombre menudo que se inclina, y se entrega, besándola, a una imagen que se le antoja celestial y, desde luego, en ese momento, oportuna. Tiene, en fin, la cara del hombre que experimenta la magnífica sensación de saberse cada vez más cerca del poder supremo.

Si uno pudiera husmear en los alrededores de la fotografía, cosa que un lector nunca jamás podrá hacer, si uno, digo, pudiera contemplar lo que ocurre alrededor de la foto, podría ver allí, en las primeras filas, media docena de obispos, un hombre con aires de ángel frustrado, tres sacerdotes, una ristra de militares metidos en ropa de gala, un puñado de policías de buen rango. Más atrás, un grupo de sindicalistas. Y también funcionarios y diputados y senadores inmersos en una especie de aburrida contemplación del festejo.

Carlos Federico Ruckauf se siente a sus anchas. Gobernador de la provincia de Buenos Aires. Y, cosa ya fantástica, festejado por militares y dirigentes sindicales, comisarios y monseñores. Es decir, uniformes con los que siempre ha estado habituado a tratar, y de cuya mano, por sobre todas las cosas, ha llegado siempre al sitio que deseaba llegar. Diríase que su vida no ha sido otra cosa que una religiosa búsqueda del poder.

Han pasado pocos minutos de las siete de la tarde del 10 de diciembre de 1999, el sol ha comenzado a declinar, y el gobernador Ruckauf, excitado ahora por los relumbrones que despiden las cámaras fotográficas, vuelve a besar el pecho de la virgen. De inmediato, ocupando ya el centro del escenario, presa su cara de una rara torsión, dirá: "Exijo, en nombre de la gente que me votó, que los legisladores les desaten las manos a los jueces, fiscales y policías para combatir a los delincuentes, asesinos y corruptos". Y hará un silencio de brazos alzados, pedido y espacio a la ovación que de pronto aflora de modo sonoro, y a continuación clamará: "¡Ha llegado la hora de que los asesinos empiecen a tener miedo!".

12

El gobernador de la fotografía nació el 10 de julio de 1944 en una clínica de Ramos Mejía. Su madre, Ana María Coppola, le dice *Bocha*; los medios de comunicación acostumbran llamarlo *Rucucu*, y los peronistas que ven en él a un hombre afecto a la deslealtad le dicen *Tessaire*, *Teseire* a secas, en referencia al contraalmirante que fue vicepresidente de Juan Domingo Perón en el último tramo de la segunda presidencia del general. Tessaire, un hombre que sin muchos rodeos brindó todo tipo de información a los jerarcas de la Revolución Libertadora tras el golpe militar de septiembre de 1955. *Tessaire*: un símbolo de la traición.

El gobernador juega tenis, amasa pizzas, conserva a la manera de incomparable trofeo un saco donde Perón apoyó una vez una mano, admira a Eva Perón y a Marcelo Tinelli con idéntica intensidad, asegura profesar una particular devoción por los escritos de Karl Marx, y suele decir que la separación de sus padres, cuando él tenía siete años, lo sumergió en la culpa y la vergüenza a lo largo de mucho tiempo. Ocultaba semejante estado de cosas a vecinos y amigos. Le resultaba ignominioso ser hijo de padres separados. Durante dos años, al cabo de la áspera separación, vivió en la casa de sus abuelos paternos, en Mar del Plata. El abuelo, Carlos Benedicto Ruckauf, un hombre duro y seductor, de hábitos y carácter alemanes, lo sometía a un estilo de vida casi prusiano, donde la limpieza, el orden y la puntualidad eran premisas ineludibles. A las siete y media de la tarde debían cenar. La ropa y la habitación debían estar ordenadas en todo momento. Y el pelo y las manos limpios. Alzar la voz comportaba una falta grave.

Suena a vida poco llevadera, fundada más en preceptos dignos de un mariscal de campo que en normas sensatas para un chico de siete, ocho años. Pero el gobernador agradece que así haya sido. Experimenta un hondo afecto por Carlos Benedicto. Hoy, medio siglo después, sufre una particular tara por la limpieza, limpieza en el sentido más lato de la palabra. No tolera, en particular, el olor ácido que exhala un cuerpo sudoroso, razón por la cual ha adquirido el hábito de entregarse a una ducha cada vez que la oportunidad se le presenta.

Me echa una mirada grave. Cruza las piernas y estira la barbilla. Dice: "Siempre sentí que en realidad no fue mi papá, sino mi abuelo paterno el formador de mi personalidad".

Estamos en su despacho de la sede central del Banco Provincia, calle San Martín al ciento y pico, donde suele realizar todos los encuentros que tiene en la Capital. Son las diez de la mañana del viernes 19 de mayo del año 2000. Guadalupe, la menor de sus hijos, ha puesto un grabador junto al mío. Es una joven menuda, de pelo largo, alambrino, y mirada huidiza. Estudia Filosofía y Letras y ha resuelto, ella también, escribir una biografía del padre. "Guada va a escribir la buena, la oficial", dice Ruckauf. Y, claro, suelta una sonrisa. Y dice: "Sigamos".

En 1954, luego de haber logrado el divorcio legal merced a una de las últimas leyes que impulsó Juan Domingo Perón, Ana María Coppola se casó con un visitador médico llamado Samuel Ángel Caradonna. Y logró reencontrarse con su hijo. "Mi mamá me viene a buscar a Mar del Plata y me lleva con ella a Once, a Catamarca y Alsina. Entonces paso al Mariano Acosta. En esa época me hice muy amigo de un chico del departamento de al lado, que era el hijo de un actor muy famoso con un ojo de vidrio, un tal Bebán, una cosa muy especial el tipo, creo que era el padre de Rodolfo Bebán. Y era mi amiguito, y todos los días jugábamos a los soldaditos, a las muñecas, a las figuritas. Los padres de él también estaban separados, y por eso teníamos en común la misma sensación de despelote".

14

De la casa en el barrio de Once pasará, de pronto, a otra en la provincia de Salta. Y allí descubrirá que don Caradonna es una rejuvenecida réplica de su abuelo Carlos Benedicto. Horarios y orden. Disciplina y una veneración profunda por el ascetismo. Al chico no le disgusta, razón por la cual ingresa, con buen ánimo, en el Liceo Militar. "Mi padrastro decía que era necesario tener una formación importante, y que esa formación estaba muy vinculada a la estructura de ese tipo de liceos. Y a mí no me causó rechazo".

A pesar del fuerte influjo que ejercerá en él la prédica del capellán militar, el rechazo habrá de asaltarlo dos años más tarde, y entonces mandará al diablo los afanes de carrera militar y comenzará a vivir con el padre, Carlos Federico también, y conocerá la picardía y los buenos sabores de la adolescencia en el colegio Mariano Moreno. No obstante, una irreparable pelea con el padre, de quien heredará una continua y abierta inclinación a procurar la cercanía de mujeres apetitosas, lo moverá a retornar a Salta, donde finalizará los estudios secundarios en el colegio Manuel Antonio de Castro. Su ingreso como dactilógrafo en la compañía de seguros Iguazú S.A., en el año 1962, meses después de haber iniciado la carrera de abogacía, obrará en su vida de modo formidable. En el otoño de 1966 se plegará a los civiles golpistas y dejará caer dos tortugas en Plaza de Mayo, modo de protesta contra la aparente lentitud de Arturo Illia en el gobierno, que un mes más tarde sería derrocado por el teniente general Juan Carlos Onganía. Con increíble celeridad se transformará en secretario adjunto del Sindicato del Seguro; luego, en agosto de 1975, a poco de haber cumplido treinta y un años, llegará a ocupar el cargo de ministro de Trabajo de la mano del poderoso dirigente metalúrgico Lorenzo Miguel, que hará de él su dócil y fiel amanuense. Tras el golpe de Estado de marzo de 1976, y a diferencia de buena parte de los funcionarios y militantes que serán secuestrados, asesinados o detenidos por orden expresa de la Junta Militar, sorteará sin sobresaltos los primeros años de la dictadura gracias a la protección que le brindará el almirante Emilio Eduardo Massera. Reaparecerá en la escena política con los primeros soles de los años ochenta, época en que sabrá apreciar el inextricable poder del empresario Alfredo Yabrán, en cuya inmobiliaria Aylmer S.A. oficiará de asesor legal. Y entonces el hijo varón de Ruckauf, Carlos Germán, trabará amistad con los varones de Yabrán, Pablo y Mariano, en los veraneos en Pinamar y Villa Gesell. Y jugarán partidos de fútbol. Los Ruckauf contra los Yabrán. Y comerán asados. Los Ruckauf y los Yabrán. Luego, ya en pleno proceso de restauración de la democracia, el hombre de la foto intentará recobrar su lugar en el cosmos político sumándose a las listas de los jerarcas sindicales que habían pactado con los dictadores; perderá la senaduría pero será diputado nacional; después, embajador en Italia, donde se ocupará, con sumo celo, de tender los puentes necesarios para que el menemismo lleve a cabo la increíble malversación de un millonario crédito comprendido en un convenio bilateral con la república italiana. Será ministro de Interior y tiempo más tarde vicepresidente de la Nación, y entonces sus rasgos más distintivos no serán más que la propensión al discurso equívoco, a la maraña con algunas de sus asesoras y secretarias, y al habitual empleo de un ocurrente apotegma: "En la vida, lo importante son las tres P: prestigio, poder y plata". Oportunamente recibirá el favor económico de Alfredo Yabrán para llevar adelante una campaña proselitista.

Y llegará, por fin, a la fotografía, a la asunción del gobierno de la provincia de Buenos Aires. Y entonces estimará prudente buscar los servicios de una serie de hombres dignos de ser temidos, de personajes más emparentados con la maquinación secreta, con la violencia y el oscurantismo, que con los quehaceres democráticos.

Todo esto lo hará, desde luego, exhibiendo continuamente su indefinible sonrisa. Tan blanca. Tan fresca y fulgurosa. Esa que suele arrojar al abismo. Y de la que se ocupa esta historia.

1

Sólo cuando se viene de lejos se sabe hasta qué punto Buenos Aires ya no es la misma que hace tres meses. Al principio no resulta fácil explicar las razones: las brumas y el sol oscuro de agosto inducen a pensar que la tristeza del aire es otro fruto del invierno, y que a lo mejor, cuando las flores vuelvan, renacerán también las viejas señales de ventura que solían brillar en los balcones de Palermo o en los sosegados domingos de la avenida Forest. Pero los que hemos conocido otros inviernos infelices no acertamos ahora a reconocer dónde está el contraveneno de esta sombría estación en la que todas las voces amigas flotan envueltas en lamento. No he oído sino frases abatidas. Nadie sabe hacia dónde el país navegará mañana, a qué tabla de salvación encomendarse, en qué rincón de la noche recuperar la fe que se ha perdido durante el día. Y, lo que es más grave: casi todos quieren partir, no en busca de prosperidad sino de seguridad. Son como esos pájaros que vuelan en círculos sobre un mismo horizonte del mar, con el sentido de la orientación amputado y con el instinto preparado para la muerte.

TOMÁS ELOY MARTÍNEZ, "El miedo de los argentinos",
artículo publicado en el diario *La Opinión* el 13 de agosto de 1975,
dos días después de la asunción de Carlos Federico Ruckauf
como ministro de Trabajo.

Lo ha logrado. No está en sus planes caer en disquisiciones de naturaleza moral o ética acerca de las razones que lo han arrojado a ese despacho. Está allí. Arrojado, dirigido, comandado. Sometido sin reparo alguno a los antojos de su padrino político, el omnímodo jefe de la Unión Obrera Metalúrgica y de las 62 Organizaciones, Lorenzo Miguel.

Pero está. Los primeros días, luego de haber puesto la palma de la mano derecha sobre el sagrado libro blanco y prometido fidelidad a Dios, la patria y los preceptos constitucionales, experimentó asombro, incluso algún rapto de miedo. Ahora, en cambio, todo es dicha y certidumbre. El despacho es espacioso y cada uno de los objetos que observa despide poder y bienestar. La mesa ratona de madera rubia; los adornos sobre la cómoda de panza; la bandera argentina en un rincón; el pisapapeles de caoba con guarnición de plata; los escritos que tiene a un palmo de su alcance y que sólo aguardan un garabato suyo para convertirse en documentos oficiales que favorecerán a unos y hundirán en el desarreglo a otros. Hasta el lomo de los libros que llenan los anaqueles de la biblioteca parecen nobles, dignos de admiración. No hay polvo ni telarañas pero sí serviles empleados prontos a correr a su lado al oír el pitido del intercomunicador. A sus espaldas tiene los retratos de Juan Domingo Perón; de la viuda, la presidenta María Estela Martínez de Perón, o simplemente Isabel, y de Evita, venerado ícono al que suele atribuirle el carácter de verdadera madre. En una esquina de la habitación, en el perchero de bronce, a la manera de preciado tesoro exhibe el saco marrón donde una vez el general cometió la gracia de descansar una mano.

Se ha dejado caer en su estofado sillón de ministro de Trabajo y ahora lee, con increíble excitación, una vez más, las declaraciones que ha formulado ayer a un periódico. La primera entrevista que ha ofrecido desde su asunción. Es un pasaje de las palabras que ha dicho al periodista el que concita su atención y le brinda placer: "Voy a tener una sola política en el Ministerio de Trabajo: la que fijó desde que fue secretario de Trabajo el teniente general Perón, trabajando en forma conjunta con el movimiento sindical organizado, es decir con la CGT y las 62 organizaciones. Nuestro gobierno tiene como objetivo prioritario la felicidad del pueblo. Primero la Patria, después el Movimiento, y por último los hombres". Ríe con satisfacción. Ver reflejado el principio activo de su pensamiento político en las páginas de un diario, y, por sobre todas las cosas, contemplar su fotografía, contemplarse detenidamente, le causa una indecible sensación de arrobamiento. Presume que ya forma parte de la historia del país. El joven ministro Ruckauf ríe y recita en voz alta el párrafo y de inmediato procura con la vista el gesto de aprobación de sus hombres de confianza. Aníbal Martínez y Alberto Onetto, (a) *Gaucho*, los secretarios privados, echan sonrisas. Oscar Anselmo, (a) *Negro Hacha*, no le ha prestado atención pero asiente de manera maquinal moviendo la cabeza repetidas veces. Es que tiene los pensamientos en otra parte. Es jefe de *Custodia y Automotores*, razón por la cual gasta las horas reflexionando acerca del estado de las escopetas Itaka y las pistolas calibre 45 que habitualmente distribuye en los dos automóviles que resguardan la seguridad de su jefe en cada desplazamiento por la ciudad. Tampoco descuida la limpieza y el buen funcionamiento del revólver 32 corto que el ministro guarda en una gaveta del escritorio y que cada noche, antes de partir hacia el hogar, a buscar refugio en los brazos de su mujer, María Isabel Zapatero, la flaca *Marisa*, y sus tres hijos, Carlos Germán, María Laura y Guadalupe, se mete entre las ropas.

El ministro es un joven atildado, de pelo negro, flojo, mechón caído sobre la frente, hacia la derecha, y raya de moda a la izquierda. Las patillas le alargan el rostro pero no, desde luego, el cuerpo, en extremo breve, no más de un metro sesenta. Sin embargo se siente cómodo en el sillón. Es que el *Negro Hacha* tuvo un arresto de sabiduría al sugerirle lo del cajón. De manzanas. De Río Negro. Un cajón de manzanas donde pueda apoyar los pies, de modo tal que las patas, así le dijo Hacha, *las patas, ministro*, no queden balanceándose, como estranguladas, a centímetros del piso.

"Nadie se va a apiolar, jefe". Y, en efecto, nadie lo advertía. Los poderosos dirigentes sindicales aparecían en el despacho, acomodaban el trasero en un silloncito, y no caían en la cuenta de que el ministro con el que estaban hablando acerca de convenciones colectivas, homologaciones y aumentos de salario tenía los pies apoyados en un cajón de manzanas.

Pero el *Negro Hacha* hace más. Oficia de niñero, asesor político, consultor sentimental, lavaplatos y camarada de copas nocturnas. En el Peugeot blanco de su jefe, repleto de calcomanías de la *Pantera Rosa*, personaje que Carlos Germán, el hijo varón del ministro, de cuatro años, idolatra, conduce a cada uno de los miembros de la familia Ruckauf de una a otra parte. Y está a disposición del ministro cuando al ministro se le cuadra. *Hacha* maneja el automóvil. *Hacha* compra verduras, deposita cheques, paga las cuentas de los servicios públicos y manda al diablo a las personas que el ministro no quiere ver. *Hacha* cambia los pañales de Guadalupe, divierte el ánimo de María Laura narrándole historias, y horas más tarde cae rendido y duerme en un sofá de la casa del ministro, en la calle Nicasio Oroño al 1200, La Paternal. Con una Itaka a su alcance, desde luego. Vive allí. Ocurre que Marisa, gracias a la gauchada que su marido le ha solicitado al ministro de Justicia, Ernesto Corvalán Nanclares, ha sido designada fiscal de primera instancia, por lo tanto carece de tiempo para abandonarse a tareas domésticas. No infrecuentemente *Hacha* y el ministro escapan por las noches y se echan a errar por la ciudad, movidos por el vehemente deseo de experiencias nocturnas. El *Negro Hacha* todavía recuerda con todo detalle y nostalgia aquella noche de septiembre de 1975. Una recepción oficial a la comitiva de una nación africana en el Alvear Palace. *Eran todos negros como el carbón*, suele decir *Hacha*. Y un menú estrambótico y chirle que, al cabo del agasajo, mueve al ministro y a su mujer a tentar mejor fortuna en una pizzería de la calle Corrientes. El mozo se detiene en la inspección de Ruckauf. "Usted, perdoneme, se parece mucho al ministro de Trabajo". Al ministro lo ataca el sobresalto. Se había propuesto pasar inadvertido. "No", dice risueño, "muchas veces me confunden con él. Pero no tengo nada que ver". El mozo le echa una mirada de pies a cabeza. Dice, con desdén: "Sí, claro, el ministro es más alto". Y entonces Ruckauf enrojece, y se incorpora, y, casi a los gritos, dice que él es el ministro, que deben atenderlo de inmediato y dejar de importunarlo con comentarios estúpidos y fuera de lugar. También suele recordar *Hacha* una mañana de octubre, cuando en el garaje del edificio del Ministerio a un custodio, uno de la Policía Federal, el cabo Gutiérrez, se le escapó un disparo de la Itaka y hundió a todos en el terror. Ruckauf tembló como una hoja, Gutiérrez perdió tres dedos de la mano izquierda, y el techo del vehículo quedó plagado de perdigones.

En esos días *Hacha* aprenderá a imitar con exquisito arte la firma del ministro, y muchas veces la dibujará en papeles oficiales para ahorrarle sinsabores a su jefe. La comunión entre *Hacha* y el ministro alcanzará su verdadera dimensión cuando Ruckauf firme un poder en favor de Oscar Anselmo para que éste se haga cargo de todas las operaciones de compraventa de automóviles y departamentos que el joven ministro, a causa de su función oficial, desde luego, no puede llevar a cabo, pero presume podrá hacer. Un testaferro, claro. Un Peugeot, otro Peugeot, será la primera compra que *Hacha* hará en nombre del ministro.

Aníbal Martínez, el *Gaucho* Onetto y el *Negro Hacha* eran matones de la UOM que Lorenzo Miguel había puesto junto a su ministro con el propósito de cerciorarse de cada uno de sus pasos. En aquel tiempo el gremio de los custodios era exorbitante, de una magnitud y características insondables. Los había de toda especie y procedencia. Los matones estaban desprovistos de ideología y personería gremial, pero conformaban un batallón digno de ser tenido en cuenta. Eran, todos, hombres capaces de asesinar a una persona, o de arrancarle los genitales; de quebrarle las piernas con un par de disparos o, tarea menor, destrozarle la nariz con un certero golpe de cachiporra. Bastaba un guiño del jefe. No había funcionario, y mucho menos dirigente sindical, que prescindiera de sus servicios. El ministro tenía ocho: cuatro, de la Policía Federal; tres de la UOM, y uno, un tal Maldonado, miembro de la Alianza Anticomunista Argentina, Triple A, grupo parapolicial de extrema derecha fundado, regido y financiado por el ex ministro de Bienestar Social, José López Rega, (a) *El Brujo*, (a) *Josecito*. Los matones eran parte de la geografía y brotaban a carretadas. En cualquier paseo por el centro de la ciudad era posible chocarse con uno de ellos. Hombres musculosos y retacones, de pellejo apergaminado, pelo oscuro y corto, ojos negros o marrones, mirada cerril y manos caladas en los bolsillos de una campera hermética y abultada. En invierno o en verano. Y, a pocos metros de ellos, un Ford Falcon, o un Peugeot, o un Torino, repleto de gente de idéntica catadura. Al contemplar una escena de esa naturaleza cualquier persona, hasta la más ingenua, comprendía que muy cerca de allí se estaba llevando a cabo una reunión gubernamental o un congreso de dirigentes sindicales. Razón por la cual lo más sensato era alejarse de prisa.

Tiempo de aquelarre. En todos los cantos del país se absorbía una atmósfera impregnada de malogro, de violencia y añejo resentimiento. *El sentido de la orientación amputado* y *el instinto preparado para la muerte* eran conductas y sensaciones que se habían instalado de modo inexpugnable no sólo en buena parte de la sociedad, también,

24

cosa más grave, en gobernantes y opositores. El gobierno, oficialmente presidido por Isabel, pero regenteado de manera oficiosa por la maquinaria de terror que había puesto en marcha López Rega, no atinaba más que a dar pasos circulares alrededor de una política socioeconómica a todas luces desastrada. Antonio Cafiero, al igual que Ruckauf sumiso dependiente de Lorenzo Miguel en el gobierno, era ministro de Economía y, como toda respuesta, ofrecía arrastrados discursos que solía fundar en el estrafalario enlace de una serie de palabras: *Perón, movimiento obrero organizado, felicidad, pueblo, futuro, pueblo, Evita, patria, movimiento obrero organizado, pueblo, bienestar, justicia social, sacrificio y pueblo*. En sólo cuatro meses el costo de vida había aumentado un 32,6%. Los ministros iban y venían. Los conflictos laborales eran continuos y a menudo resueltos a través de disparos y cadenazos que Ruckauf, desde su despacho, amparaba. El Ejército Revolucionario del Pueblo (ERP) y Montoneros, organizaciones armadas de izquierda que reunían a cientos de jóvenes que presumían que había llegado la hora de la revolución, combatían por toda parte con policías y miembros del Ejército. A menudo sufrían los ataques arteros de la Triple A, grupo que, entre otros menesteres, también tenía el hábito de remitir amenazas de muerte a intelectuales, artistas, escritores y periodistas. El estado de sitio imperaba en el país desde el 6 de noviembre de 1974: toda garantía constitucional en suspenso; Isabel, según su capricho, podía resolver el arresto o traslado, de uno a otro punto del país, de las personas que juzgase necesario hacer a un lado. La aparición en tierras baldías o en zanjones de cuerpos jóvenes calcinados o sencillamente rotos a causa de decenas de balas, en su mayor parte militantes de agrupaciones de izquierda, se había convertido en hecho común y ordinario. La Triple A, con el continuo sostén del Estado y el beneplácito de la derecha peronista y

25

del poder sindical, en particular Lorenzo Miguel, no se tomaba respiro. Las estadísticas oficiales movían a la desazón: más de quinientas personas muertas en un lapso de siete meses. Es que la Triple A, a pesar del alejamiento físico de López Rega y de su secretario de prensa Juan Carlos Rousselot, locutor de promiscuos vínculos con la Armada y con la banda terrorista, no había perdido una pizca de poder en el interior del gobierno. El primer sustituto de *Josecito* en el Ministerio de Bienestar Social fue Carlos Villone, que en la organización parapolicial ocupaba el puesto de enlace con los grupos de apoyo y de acción psicológica; diez días más tarde, Rodolfo Roballos, a cargo del área administrativa de la banda, había de suceder a Villone en el Ministerio. Por lo demás, uno de los médicos de Isabel, Pedro Eladio Vázquez, tenía bajo su responsabilidad el eficaz funcionamiento del área de emergencias médicas del grupo terrorista. Y Julio González, continuo asesor de López Rega, era secretario privado de la Presidenta.

Isabel, en tanto, no probaba bocado. Con pasmosa celeridad su cuerpo empequeñecía y su capacidad de discernimiento se disipaba. Isabel se ahogaba en llantos de los que sólo conseguía emerger al cabo de largos encierros en una estancia de la localidad de Ascochinga, provincia de Córdoba, o en alguna clínica privada. Una y otra vez rehusaba atender a los funcionarios de su gobierno. Tan sólo prestaba oídos a Ruckauf, Cafiero y, desde luego, Lorenzo Miguel, con quien acostumbraba conversar a solas durante horas. El mismísimo Ítalo Argentino Luder, presidente en ejercicio, no lograba intercambiar siquiera un par de palabras con la atribulada viuda de Perón. Los periodistas, ávidos de novedad, se apelotonaban en los pasillos de la clínica *Pequeña Compañía de María*, o en el portón de la estancia de Ascochinga, y, no sin asombro, escuchaban la melancólica respuesta de Enrique Olmedo, secretario de Prensa y Difusión del gobierno: "Si quieren saber cosas del poder, hablen con Miguel. Él tiene más información que yo". Isabel lloraba, escondía cuerpo y rostro, y nada decía acerca de la desaparición de más de treinta millones de pesos de la cuenta bancaria de la fundación *Cruzada de Solidaridad Justicialista*, creada por López Rega con el presunto propósito de promover obras sociales y que, en realidad, no había sido más que un ingenioso artificio del Estado para financiar las actividades de la Triple A y favorecer el enriquecimiento económico de la presidenta y del ex ministro esotérico y su corte.

La llegada de Ruckauf al Ministerio de Trabajo, y la de Cafiero al Ministerio de Economía, fruto, como se ha dicho, del poderoso influjo que Lorenzo Miguel ejercía sobre la Presidenta, excitó en el dirigente de la UOM la certeza de que su anhelado proyecto de patria corporativa y metalúrgica era ya imperturbable. Un camino hacia el poder, suponía, desembarazado de estorbos.

A poco de asumir, circundado por un cuerpo de asesores donde sobresalen el licenciado en Letras Carlos Alfredo Grosso y Juan Alberto Muffatti, (a) *El Petiso* —ex tesorero del Sindicato del Seguro y leal amigo que habrá de acompañarlo por décadas—, el joven Ruckauf se entrega con extraordinaria energía a su faena. Primero procura saber cómo puede obtener alguna satisfacción extra, más allá de la que le proporciona saberse parte de la historia. Convoca a su despacho al doctor Alfredo Allende, un viejo dirigente del Sindicato del Seguro que ha sido ministro de Trabajo en la presidencia de Arturo Frondizi. Ruckauf, o *Carlitos*, como suele llamarlo afectuosamente Miguel, no anda con rodeos. Poco le importa conocer la experiencia de Allende o solicitarle consejos técnicos o profesionales. No. Su dilema

27

es saber a ciencia cierta cómo estipular el monto de las *tarifas*. De tal modo se lo dice: "Disculpemé, doctor, pero yo no sé muy bien cómo se maneja eso de las tarifas". Allende encoge los hombros. No ha comprendido. "Usted sabe", continúa Ruckauf, "las tarifas por las homologaciones, por las retenciones, por los acuerdos laborales ...". Allende, presa del disgusto, se incorpora. Dice: "Jamás tuve en consideración esas cosas". Y se marcha soltando resoplidos. Ruckauf se refería al dinero que, todavía en estos días, un ministro de Trabajo suele recibir de parte de los sindicatos, o de las empresas, para que un acuerdo de cualquier naturaleza cuente con el favor de la homologación o del visto bueno oficial. Dinero en exceso. Demasiado. Basta figurarse, por ejemplo, un porcentaje infinitesimal en el aumento de un dólar en el salario de doscientos cincuenta mil trabajadores, cantidad de afiliados que entonces tenía la UOM.

Después de ese encuentro, y tras haber establecido su propia tabla de *tarifas*, el joven ministro no hará otra cosa que responder con especial obediencia y esmero a los mandados de Miguel. Firmará el laudo arbitral n° 29, merced al cual los millares de empleados de las plantas automotrices, hasta ese momento dominio de SMATA, pasarán a depender de la UOM. Pocos días después SMATA realiza un acto en el Luna Park. Veinte mil trabajadores del gremio maldicen a viva voz a Miguel y Ruckauf, y, al unísono, resuelven aventurarse en un paro de cuarenta y ocho horas. El ministro se apresura a declararlo ilegal, pero, tras recibir la visita de José Rodríguez, líder del sindicato de los mecánicos, vuelve sobre sus pasos y hace saber que todos los convenios suscriptos por SMATA mantendrán plena vigencia. La reunión fue en extremo breve. Y singular. Refieren los testigos que Rodríguez llegó con un portafolios en la mano y se encerró a solas con el ministro; los argumentos del dirigente sindical, al parecer, resultaron irrebatibles.

Y el ministro apretará los párpados cuando los grupos armados de Miguel se lancen a ocupar de manera brutal los sindicatos indóciles. Bajo la gestión de Ruckauf la violencia sindical será rutinaria. Pronta y gradualmente los gremios que se oponen al rabioso *isabelismo,* que anima los pasos de Miguel y Ruckauf, serán dominados mediante el asalto y el acometimiento impetuoso de las bandas de la UOM. En especial los que estimulan el liderazgo del gobernador de la provincia de Buenos Aires, Victorio Calabró, principal adversario de Miguel y del ministro en la bárbara y patética guerra en que se había entreverado el sindicalismo peronista. Una decena de hombres armados ocupa la sede de la Federación de la Carne, hasta ese momento a cargo de Constantino Zorila, y en su lugar coloca a Lesio Romero, discípulo de Miguel. A la mañana siguiente, Ruckauf recibe y agasaja a Romero en su despacho. Comida china y champán. La escena se repite en el gremio de los trabajadores gastronómicos, donde Luis Barrionuevo, a punta de pistola, expulsa al secretario general del sindicato, Ramón Elorza, y asume la conducción con la complicidad de Ruckauf. Llegará luego el ataque de los matones de la UOM contra la filial Morón del gremio, hasta entonces partidaria de Calabró: dos agentes de la policía muertos. El hallazgo de cuerpos despanzurrados de dirigentes sindicales opositores a Miguel es continuo. En Banfield, en Punta Lara, en Córdoba, en Tucumán, en La Plata.

Semejante estado de cosas no causa en el ministro desarreglo alguno. Su vida de funcionario es por demás llevadera. Cada mañana juega tenis en el club Municipalidad, en la avenida Figueroa Alcorta, de donde parte hacia el Ministerio, custodiado por sus hombres, sudoroso y metido en pantaloncitos cortos; minutos después del mediodía, luego del baño y de haber vestido el disfraz de ministro, lleva a la boca un par de arrolladitos primavera y una generosa porción de Chau-Fan. Por la tarde, una hora de reposo para aplacar la fatiga. En realidad son sus secretarios privados, los que Miguel ha puesto, quienes se ocupan con sumo cuidado y atención de llevar adelante el papel del ministro. "Martínez y yo éramos el filtro de Ruckauf", recuerda el Gaucho Onetto. "Le manejábamos la agenda y los conflictos de envergadura. Se lo manejábamos nosotros, con Chavarría, un excelente abogado de la UOM que estaba en el Ministerio. Todos los expedientes los mirábamos nosotros y los que considerábamos que tenía que ver Ruckauf, se los llevábamos ya armados. ¿Para qué iba a perder tiempo Ruckauf leyendo expedientes de 10, 20 páginas?".

Pero será el conflicto que estalla en Materfer (Fábrica de Materiales Ferroviarios, del grupo FIAT), en la provincia de Córdoba, el que de modo burlesco, y descarado, dejará definitivamente en claro que el Ministerio de Trabajo ya no es más que una suntuosa y frenética oficina de la UOM y de las 62 Organizaciones en el Gobierno nacional.

La comisión interna de Materfer, a cargo de Carlos Disandro, un ortodoxo y atolondrado activista metalúrgico, amenaza de muerte al director de la empresa, al jefe de Personal y al asesor letrado. FIAT decide cerrar la fábrica. "No podemos negociar aumentos salariales ni mejoras laborales en estas condiciones. Solicitamos la urgente mediación del Ministerio de Trabajo", dice el comunicado. Ruckauf, al cabo de su ordinaria consulta con Miguel, sin demora envía como emisario oficial a Alejo Simó. Por un momento, los ejecutivos de FIAT suponen que el ministro les ha jugado una broma de mal gusto. No es así. Simó pone los pies en Córdoba y se presenta: "Soy el mediador oficial del Ministerio". FIAT desaprueba al enviado de Ruckauf, y lo hace esgrimiendo una sencilla y atendible razón: Simó es el titular de la regional cordobesa de la UOM. Un hombre de Miguel, pues, designado por el ministro de Miguel para mediar en un conflicto entre una fábrica y el gremio de Miguel.

La perspicacia política del ministro cobra una dimensión inusitada. Con el fin de brindar una explicación sensata a las repetidas batoholas que afloran en sindicatos y fábricas, dice ante una cámara del canal 11: "La guerrilla de fábrica se debe a los sectores empresarios que tomaron militantes de ultraizquierda para romper las conducciones sindicales peronistas. El problema vital es acabar con la subversión. Los empresarios decían que iban a chupar (sic) a la izquierda, que luego terminó manejándolos".

El joven Ruckauf hablaba de *chupar a la izquierda*. Extravagante manera de expresarse. *Chupar* era el término que empleaban los servicios de inteligencia y los grupos parapoliciales de extrema derecha, como la Triple A. *Chupar*, es decir, *chupar* militantes, *chupar* simpatizantes, *chupar* intelectuales, *chupar*, en fin, todas esas voces y caras y palabras que *son de izquierda*. Y *chupar* equivalía a hacer desaparecer, aniquilar, matar. *Chupar* era sinónimo de secuestro y tortura. *Chupar*, un vocablo que a partir del golpe de marzo de 1976 sería de uso corriente entre los miembros de los Grupos de Tareas.

A Jorge Hugo *El Polaco* Dubchak, por ejemplo, lo habían *chupado*. Los muchachos de Lorenzo Miguel. El 24 de julio de 1975 y en el mismísimo edificio de la Unión Obrera Metalúrgica, a contados metros del despacho donde Ruckauf, en aquel momento director de Delegaciones Regionales del Ministerio de Trabajo, solía enfrascarse en largas conversaciones con su jefe político y sindical. A Dubchak lo *chuparon*, y de manera muy poco elegante. *El Polaco* era guardaespaldas de Miguel, conocido de Ruckauf, y activo miembro de la Triple A. Había formado parte del comando terrorista que en julio de 1974 había asesinado, en la esquina de Juncal y Carlos Pellegrini, al diputado nacional por el peronismo de izquierda Rodolfo Ortega Peña. Nada, pues,

31

movía a pensar que en el mediodía de aquel 24 de julio de 1975 habría de ingresar en el edificio central de la UOM para nunca jamás salir. Refieren los testigos que *El Polaco* perdió la poca cordura que todavía conservaba al enterarse de que su jefe, Miguel, estaba reunido con Juan Manuel Abal Medina, hermano de Fernando Luis, uno de los fundadores de Montoneros. Dubchak fue víctima del arrebatamiento. Se puso a gritar: "¿¡Cómo puede ser que el jefe reciba a este zurdo hijo de puta!?". Como una saeta se metió en el despacho de Miguel y a un tris estuvo de precipitarse sobre Abal Medina. Los custodios más cercanos a Lorenzo, Juan Carlos Acosta y Eduardo Fromigué, consiguieron dominarlo a fuerza de trompadas y puntapiés. Lo condujeron al baño. Lo maniataron y de prepo lo metieron en la bañera. Fue sencillo. Un disparo en la cabeza. Con todo, tropezaron con un obstáculo no previsto cuando resolvieron eliminar todo vestigio de la existencia de Dubchak. El cuerpo no cabía en la caldera. ¿Qué hacer? Bastó un llamado telefónico a la Casa Rosada. Al doctor Raúl Calviño, uno de los médicos de Isabel, le cupo la noble tarea de trozar el cuerpo del infortunado *Polaco* en la bañera del sexto piso.

Esa misma tarde Ruckauf se enteró del asesinato por boca del propio Miguel, (a) *El Tordo*, (a) *El Loro*, un hombre, se ha visto, que no toleraba ser desairado en público.

En octubre sobreviene la cerrazón. A pesar de la primavera, el país da la impresión de estar cubierto de una podredumbre de hojas y ramas mustias. Los hechos que seis meses más tarde habrán de tener como luctuosa culminación el golpe de Estado, se suceden de manera vertiginosa. El sábado 4, el gobierno resuelve prorrogar la vigencia del Estado de sitio. A la mañana siguiente, mientras Isabel continuaba entregada a su crónica depresión en Ascochinga, la organización Monto-

32

neros intenta ocupar el regimiento 29 de Infantería de Monte, en Formosa. Mueren once miembros del Ejército, un policía y quince guerrilleros. Luder, habituado ya a los menesteres de Presidente, convoca a una urgente reunión de gabinete en la sala de Situación de la Casa de Gobierno. Pero con una particularidad: más allá de los ocho ministros, y en carácter de invitados de honor, dueños de voz y voto, asisten el jefe de la Policía Federal, comisario general Omar Enrique Pinto; el secretario de Informaciones del Estado, vicealmirante Aldo Peyronnel; el almirante Emilio Eduardo Massera, jefe de la Armada; el brigadier general Héctor Fautario, comandante general de la Fuerza Aérea, y, en representación del teniente general Jorge Rafael Videla, en ese momento en Formosa, asiste el jefe del Estado Mayor General del Ejército, general Roberto Viola. Al cabo de una hora de deliberación, donde las voces de Massera y Viola han concitado la atención y la reverencia de todos, Luder resuelve crear por decreto el Consejo de Seguridad Interna, otorgarle total libertad a las Fuerzas Armadas en la represión de los conflictos internos, e incluir en el texto el vehemente objetivo de "aniquilar a la subversión". El decreto va más lejos aún. Estipula que "la lucha antisubversiva" debe comprender "no sólo la faz represiva, sino también la actividad política, económica, social y cultural". Los ministros firman alegremente el decreto.

Una tácita coalición cívico-militar se había hecho cargo del gobierno. Las Fuerzas Armadas celebran el descalabro político y de modo sigiloso comienzan a tramar el golpe. Videla y el general de brigada Guillermo Suárez Mason se convierten en golpistas andariegos. Empiezan a recorrer todas las unidades del interior del país, y, sin rodeo alguno, aquí y allá sueltan arengas cargadas de invectivas contra el gobierno. "Somos la reserva moral de la Nación", claman. Las reuniones de gabinete semejan animados sainetes. Lorenzo Miguel dialoga con Massera; Ruckauf arrima su silla a la de Videla para escuchar mejor las palabras del militar; Luder le pide consejo al comisario general Pinto; Cafiero le narra la historia del rey desnudo al brigadier Fautario; de a ratos, Videla se hace una escapada al baño y a hurtadillas, como un colegial, fuma con fruición un par de cigarrillos, pues en las reuniones está prohibido hacerlo. Isabel, en tanto, en Ascochinga, llora la ausencia de López Rega.

Ningún dirigente político se atreve a formular reparos a la desembozada y oficial intromisión de las Fuerzas Armadas en el gobierno. En realidad, la mayor parte de ellos, salvo raras excepciones, desea el alejamiento de Isabel sin proponer nada razonable como opción. En más de una oportunidad, desde agosto, los más renombrados dirigentes, diputados y senadores de la oposición habían solicitado su renuncia, o la realización de un juicio político. Amadeo Frugoli, el ex Presidente Arturo Illia, Carlos Perette y Oscar Alende; Andrés Framini, Fernando de la Rúa, Leopoldo Bravo y Ricardo Balbín; Guillermo Fernández Gil, Rubén Rabanal, Luis Sobrino Aranda y Álvaro Alsogaray; Enrique de Vedia, Víctor Martínez, Eduardo Angeloz y Juan Carlos Pugliese. Es decir, los partidos Demócrata Progresista, Popular Cristiano, Intransigente, Federalista Popular y la Unión Cívica Radical.

Con todo, será Francisco Manrique, presidente del Partido Federal, quien sabrá compendiar con soltura el ánimo golpista que impera en la mayor parte de la dirigencia política argentina: "En las faldas de la serranía tucumana no se encuentran todos los guerrilleros de ametralladoras, ni todos los guerrilleros usan armas tradicionales. Los hay que manejan lapiceras para firmar o elaborar decretos que van destrozando la producción y la fe de los argentinos. Es posible que alguien, desde algún lugar, mintiendo patriotismo y heroicidad, esté tramando herir en la imagen de combate a uno de los ejércitos más bravos de la tierra".

El propio Partido Justicialista, a través de una solicitada, hace saber a la sociedad que el contubernio con los militares es digno de apoyo y aplauso:

"El Comando Superior del Movimiento Nacional Justicialista, como resultado de un análisis sereno y profundo de la situación general del País, resuelve: 1) Reiterar su más enérgica condenación a la violencia como método político y expresar total solidaridad e identificación con las Fuerzas Armadas en la lucha contra la guerrilla y todas las manifestaciones de la subversión. Especialmente su adhesión al Ejército Argentino en la tarea de aniquilar la acción criminal de la antipatria. 2) Movilizar a los hombres y mujeres del Movimiento Nacional Justicialista de las tres ramas que lo componen en la lucha antisubversiva y antiguerrillera."

El escrito lleva la firma de los ilustres miembros del Comando Superior: Isabel Perón, Lorenzo Miguel y Ángel F. Robledo, ministro de Interior; Eloy P. Camus, gobernador de San Juan; Casildo Herreras, secretario general de la CGT; Lilí de la Vega de Malvasio y B. Fadul de Sobrino.

Isabel y Lorenzo Miguel firmando un documento destinado a reprobar *la violencia como método político*. Sonaba a ocurrencia. La presidenta había amparado el alumbramiento y posterior despliegue de la Triple A en el país. Y las filiales de la UOM en Avellaneda, San Martín y Bahía Blanca, y en la provincia de Córdoba, eran parte activa de la estructura de la Triple A.

La confluencia de militares y sindicalistas en un proyecto común no era cosa que le causara preocupación a Ruckauf. Por el contrario. Con notable fervor había sido parte de las manifestaciones que pedían la caída de Arturo Illia, a mediados de 1966, y luego, tras el golpe de Juan Carlos Onganía, había considerado juicioso sostener la dictadura y convertirse, como Lorenzo Miguel, como Augusto

Timoteo Vandor y José Ignacio Rucci, en un dirigente sindical *participacionista*, un hombre, pues, afecto a gozar el calor que emana la cercanía del poder.

No mueve al asombro, por tanto, que días después de la creación del Consejo de Seguridad reciba a Videla en su despacho con una regalona sonrisa en la boca. "Es para mí un orgullo estar en el Ministerio de Trabajo", dice el militar al tiempo que le extiende la mano a Ruckauf. El *Gaucho* Onetto se apresura a responder en nombre del ministro: "Y para nosotros, como peronistas y argentinos, es un orgullo tener a un general de la Nación en el Ministerio de los trabajadores". Videla no se ha desplazado hasta allí para conversar banalidades, y mucho menos intercambiar lisonjas y reverencias. Muy otro es su objetivo. Está afligido; los paros y las huelgas lo sacan de quicio, explica, pues entonces mucho le agradaría observar alguna reacción enérgica por parte del Ministerio. Durante el cordial encuentro se sientan las bases de un proyecto de ley que el ministro hará público una semana más tarde, y cuyo propósito fundamental es prohibir la realización de *huelgas salvajes*. "Todo paro, abandono de trabajo, ausencia concertada y toda otra forma de perturbación colectiva de la actividad normal por parte de agentes del Estado", dice el escrito, "será sancionada con la cesantía o exoneración, la que será efectiva sin necesidad de sumario previo".

Años antes, en la revista *Nuestro Tiempo*, publicación del Sindicato del Seguro, Ruckauf había escrito: "Es indudable que en nuestro país el Movimiento Obrero Organizado constituye (al igual que las Fuerzas Armadas y la Iglesia) un factor de poder vertical y disciplinadamente organizado y con clara conciencia nacional. De la mayor o menor desunión entre ellos devendrá como conclusión una Nación enclenque y esclerotizada, o fuerte y poderosa".

36

Fuerzas Armadas, Iglesia y sindicatos, una trilogía de cuño corporativo que por siempre marcará sus pasos.

Pese a todo, el 17 de octubre ocurren dos retornos que la derecha peronista acoge con raro y sumo contento. Apremiada por los continuos rumores que dan por cierta su renuncia, Isabel resuelve abandonar la guarida y encabezar el acto por el 30º aniversario del Día de la Lealtad. A juzgar por la fogocidad que se observa en el gentío que han conseguido reunir Miguel y el Partido Justicialista, acaso unas sesenta mil personas, en el país gobiernan la serenidad y la buenaventura. Imposible percibir señales de recelo o desconcierto. Plaza de Mayo es tierra de otro planeta donde flamean banderas y resuenan las consignas: "¡Y ya lo ve, y ya lo ve, el 17 de Isabel!"; "¡Perón, Evita, ahora Isabelita!"; "¡Se siente, se siente, Perón está presente!". En los balcones y ventanas de la Casa Rosada los ministros sueltan sonrisas y con dedos tiesos exhiben la V de la victoria. En vano Isabel pretende despedir entereza y aplomo. Su aspecto es el de una mujer achacosa, devorada por la melancolía y el desabrimiento. En tono quejumbroso llama a la pacificación nacional, a la búsqueda del pluralismo político. "Debemos combatir a la guerrilla y a la inmoralidad", dice, y en ese momento parece a poco de caer en el desfallecimiento. En tanto ella habla con voz chillona desde el balcón, jóvenes de pelo cortado al ras y aires de legionarios fascistas distribuyen entre la muchedumbre, de modo gratuito, ejemplares de la revista de cuño nazi *El Caudillo*. Es el segundo gran retorno de octubre. El semanario, órgano de difusión de la Triple A y de los sectores más reaccionarios e intemperantes del peronismo, había cerrado tras el alejamiento de López Rega, hundiendo en la congoja a sus lectores, funcionarios del gobierno buena parte de ellos. Desde sus páginas, teñidas de un rencor ilimitado y temible, habían sido condenados a muerte, entre otros, el diputado Ortega Peña y el padre Carlos Mugica. Ahora *El Caudillo* regresaba, y lo hacía merced al sostén económico de Miguel.

En la tapa, Lorenzo aparece estrechando la mano de Isabel: "Señora, cuente con nosotros". En su artículo editorial, bajo el título "VOLVEMOS PARA TRIUNFAR O MORIR JUNTO A ISABEL", la publicación de Miguel y la Triple A estima oportuno prescindir de sofisterías:

"EL CAUDILLO vuelve para apoyar al Ejército Argentino en su lucha contra el ejército invasor que pretende suplantar nuestra sagrada Bandera por un sucio trapo rojo (...) EL CAUDILLO vuelve para constituirse en la ÚNICA VOZ clara que rompa con el coro unánime y canallesco de la prensa sinárquica, fruto de la conjura liberal-marxista. Volvemos para ocupar nuestro lugar en la trinchera, en el momento de la batalla final (...) EL ENEMIGO ELIGE EL MÉTODO, PARA NOSOTROS TODO VALE. PELEAMOS SIEMPRE SIN DAR NI PEDIR CUARTEL (...) Nuestro estilo es lacónico y militar".

Al pie del artículo, tras la firma del director, Felipe Romeo, la consigna:

"EL MEJOR ENEMIGO ES EL ENEMIGO MUERTO. ISABEL PERON O MUERTE. ¡VENCEREMOS!".

Páginas más adelante, en letras de excesivo tamaño, una dulzarrona y religiosa oración:

"Pido a Dios que guíe mi mano para que mi tiro sea certero. Pido a Dios que guíe mi alma para que mi tiro sea sin odio."

Luego, una larga entrevista con Lorenzo y un puñado de

solicitadas, comunicados y publicidades, cada uno de ellos a página entera, de la UOM y las 62 Organizaciones. Un hombre cercano a Miguel y Ruckauf, Miguel José Tarquini, coordinador de prensa del Ministerio de Bienestar Social y jefe del grupo de operaciones G de la Triple A, es el secretario de Redacción de la revista que, dos semanas más tarde, a través de un rimbombante libelo a doble página, amenazará de muerte al periodista Heriberto Kahn, del diario *La Opinión*: "¡Oíme, chupatintas, estás colmando la medida y vas a tener que responder por todo lo que has venido haciendo desde hace más de veinte años! (...) Chupatintas, corrés el riesgo de que ese nombre tuyo —chupatintas— tenga alguna alteración y se cambie tinta por plomo. ¿Me entendiste bien, chupatintas?".

Khan, según el entendimiento de los amanuenses de Miguel, había cometido un delito imperdonable. Había descubierto, y publicado, la trama secreta de la ligazón que existía entre la Triple A y el gobierno.

Con el correr de los días, la correspondencia ideológica entre los dichos de Ruckauf y los postulados de *El Caudillo* comenzará a tornarse más y más notoria. La revista, por lo demás, le brindará su bendición: "El compañero y dirigente obrero ministro de Trabajo". Contados, y, por tanto, a salvo de cualquier agresión, eran los dirigentes peronistas que recibían del semanario el favor del laudatorio trato de *compañero*. Miguel, desde luego, lo había recibido siempre; también Diego Ibáñez, Herminio Iglesias, Eduardo Duhalde, Carlos Saúl Menem, López Rega, Isabel, el general y dictador paraguayo Alfredo Stroessner y hasta el *generalísimo* Franco. En su nota editorial del 6 de noviembre de 1975, dirá la publicación: "El Movimiento Obrero Organizado es el reaseguro de que el peronismo realizará la revolución en paz y que la reconquista de nuestra soberanía nacional se hará con las 62 Organizaciones". Un mes más tarde, el 4 de diciembre, en ocasión del congreso extraordinario de la Unión Obrera Metalúrgica, dirá Ruckauf: "En esta lucha revolucionaria debemos comprender que nuestros dirigentes siempre deben tener razón, más aún cuando no la tienen (sic). Con hombres de la talla de Lorenzo Miguel llegaremos y lograremos alcanzar la revolución justicialista en paz".

Ese día, mientras el ministro hablaba, un comando integrado por hombres de la Triple A y el Ejército, llamado "Libertadores de América. Cáceres Monié", secuestra, y posteriormente asesina, en la provincia de Córdoba, a nueve estudiantes.

Aturdidos como están a causa del regreso de Isabel y la festiva verbena en Plaza de Mayo, los gobernantes no reparan, o prefieren no hacerlo, en las palabras que Videla formula en Montevideo, en el transcurso de la 11a. Conferencia de Ejércitos Americanos. "En la Argentina morirán todos los que sean necesarios para acabar con la subversión", advierte, casi a los gritos, el comandante del Ejército. Tan dura admonición muy probablemente no llega a los oídos de Isabel pues, una vez más, de improviso, ha buscado amparo en la clínica Pequeña Compañía de María, donde sólo Miguel tiene autorización para trasponer la puerta que conduce a la cama de la Presidenta. Será el brigadier Orlando Jesús Cappellini, a raíz de la rebelión de la Fuerza Aérea que encabeza el 18 de diciembre, quien logrará despegar a Isabel de las sábanas. La Presidenta retoma su puesto en el cosmos y a los tumbos reasume. Sin titubear consiente al primer pedido de los rebeldes: el retiro del comandante de la fuerza, Héctor Luis Fautario, y el nombramiento en su lugar del brigadier mayor Orlando Ramón Agosti. El triunvirato militar que tres meses más tarde tomaría el poder por asalto, es decir, Videla, Agosti y Massera, ya estaba constituido.

40

La certidumbre de que un golpe militar se avecinaba sumerge a Ruckauf en un gran miedo. Le teme a todo. Al ERP, a Montoneros y, en particular, a su propia trayectoria. Sin embargo, actúa con sabiduría y atrevimiento. El 26 de diciembre, días después del malogrado ataque del Ejército Revolucionario del Pueblo (ERP) contra el cuartel militar de Monte Chingolo, envía un telegrama al almirante Eduardo Emilio Massera:

"Hágole llegar sr. Comandante General mi profundo pesar por los caídos en los sucesos acaecidos el día 23 del corriente contra elementos extremistas y mis felicitaciones por la activa y heroica participación del arma mancomunada con Ejército y Fuerza Aérea en la batalla que se está librando contra la subversión apátrida con el supremo sacrificio de sus vidas".

¿Un ministro de Trabajo dirigiéndose de tal modo a un jefe militar? El asalto al Batallón de Arsenales 601 "Domingo Viejo Bueno", en Monte Chingolo, en el mediodía del 23 de diciembre de 1975, condujo al ERP hacia el abismo. "Será la acción revolucionaria más grande de la historia de Latinoamérica", había dicho Roberto Mario Santucho. Las Fuerzas Armadas, advertidas por un guerrillero desertor que como primera oreja buscó la del entonces intendente de Lomas de Zamora, Eduardo Duhalde, tendieron una ratonera perfecta. La represión fue feroz y desmesurada: entre miembros del ERP y habitantes de las villas aledañas al cuartel (que ninguna relación habían tenido con el frustrado copamiento) los militares mataron a cientos de personas. Nunca pudo saberse con precisión cuántos fueron asesinados, porque la mayor parte de los cuerpos tuvo como destino la fosa común.

El almirante Massera recibió las líneas de Ruckauf con gran satisfacción. Al final de cuentas, él y el ministro empleaban los mismos términos para definir las mismas cosas: *subversión apátrida, elementos extremistas, supremo sacrificio*. Y, además, entre la UOM y Massera existía un compacto romance que se había iniciado en julio de 1974, cuando Lorenzo Miguel y Rafael Cichello, tesorero de la UOM y gran amigo de Massera, habían acordado con el presidente provisional Raúl Lastiri obsequiarle al marino el grado de almirante.

Cinco días después de haber remitido el cálido telegrama, Ruckauf partió hacia su casa en Villa Gesell. A lo largo de enero el Ministerio quedó en manos de Onetto y Martínez. Es decir, ninguna modificación de relieve en la actividad ministerial. Cada jueves por la tarde, Onetto y Martínez viajaban a Villa Gesell y le entregaban a Ruckauf los expedientes que debía firmar. Y Ruckauf los firmaba y después retomaba la caminata por la playa.

Aunque en los mentideros políticos y en las redacciones de los diarios la gente gastaba el tiempo apostando acerca del día exacto en que iba a ocurrir el golpe, Ruckauf estaba tranquilo. Erraba por la arena, entre los médanos, dientes blancos, ojos arrugados de tanta satisfacción, con sus hijos. Tenía certeza de que el almirante había de retribuir con caballerosidad su gesto.

El ministro, después de todo, no había hecho otra cosa que llevar a la práctica una de las tantas enseñanzas que su maestro, Juan Perón, supo echar al viento: "El oportunismo es el arte de ser oportuno".

2

*Para la mayoría de los secuestrados, desde el momento en
que iban a buscarlos, empezaba un largo túnel que desem-
bocaba en la muerte. La máquina de aniquilación se obsti-
nó, con prolijidad, en borrarlos, moralmente primero, con
un itinerario orquestado de humillaciones; físicamente más
tarde, con el suplicio y con la muerte, y por último material-
mente, quemando y hasta triturando los cadáveres, disper-
sándolos en la tierra, en el agua, en el fuego, en el aire, con
el fin de hacerlos desaparecer, confundidos con los elementos, entre los pliegues más secretos de lo anónimo. Durante
dos o tres años, los militares se felicitaron de haber instau-
rado, como los romanos de Tácito, la paz, hasta que poco a
poco, la inconcebible muchedumbre de sombras que ellos
creían haber pulverizado y sacado para siempre del aire de
este mundo, se puso, con obstinación, a volver. El río, el
océano, devolvían, periódicos, los cadáveres; la tierra vomi-
taba los huesos, los fragmentos de huesos, calcinados pero
irreductibles.*
*La opinión pública empezó a inquietarse; aparte de las fa-
milias, de los amigos de los desaparecidos, de los exiliados,
de las organizaciones humanitarias y de una minoría lúcida que desde el primer momento fue consciente de lo que
ocurría, la opinión indecisa, fluctuante, siempre dispuesta a
adoptar la explicación más autogratificante de las cosas, se
dejó mecer por la melodía con la que más frecuentemente
se la incita a bailar: el nacionalismo.*

JUAN JOSÉ SAER, *El río sin orillas.*

Es el teléfono. Suena, con rara obstinación, a pesar de
que son las tres de la mañana. En la casa de la calle Nicasio
Oroño la familia Ruckauf está entregada al reposo. Marisa,

43

por fin, atiende. Es una voz masculina que dice hablar en nombre de Lorenzo Miguel; con suma urgencia necesita comunicarse con *Carlitos*. El tono de la voz es lastimoso, lleno de agitación y miedo. Una voz que tiene prisa, de modo que es amarrete con las palabras. El golpe militar, le dice a *Carlitos*, se ha puesto en marcha; Isabel ha sido detenida; los militares, a la manera de una jauría cebada, han comenzado a encarcelar a dirigentes políticos y sindicales, diputados, senadores y funcionarios del gobierno; tropas del Ejército patrullan las calles y nadie, ni el propio Miguel, tiene idea de lo que pueda llegar a ocurrir. Dicho todo esto la voz desea suerte y se difumina. A Ruckauf le cuesta creer lo que le han dicho. Horas antes, en el noticiero, había escuchado las palabras de Lorenzo al término de una reunión con Isabel: "Todo anda bien, no hay golpe ni ultimátum, volveremos a reunirnos mañana. Ahora iremos a festejar porque no hay golpe". Lo ataca el pánico. De pronto comprende que la sola gracia de Massera será insuficiente para sortear el ansia de represión de los militares. Ordena a Marisa que, con los hijos, se marche de inmediato a la casa de los padres de ella. Y, tras meter atropelladamente un puñado de ropas en un bolso, buscará refugio en la casa de un amigo.

Le pregunto el nombre del amigo. Por un momento el gobernador Ruckauf pierde la sonrisa. Ensancha el cuerpo en el sillón, se acaricia la nuca. Llevamos poco más de media hora de charla. Guadalupe se ha puesto en cuclillas, los codos apoyados en la mesa ratona, y, con mirada atenta, cargada de curiosidad, parece pronta a escuchar una revelación que jamás le ha sido formulada. "No", dice Ruckauf, "no puedo decirlo". Insisto, y le ofrezco un argumento que se me antoja digno de consideración: han transcurrido más de dos décadas, y mencionar en un libro a la persona que en

44

un momento tan azaroso fue capaz de poner a riesgo su vida brindándole amparo, comportaría más un homenaje que una delación. Pero Ruckauf se ha empecinado en el silencio. Mece la cabeza en señal de negación y, empleando un timbre áspero, raro en él, resuelve acabar con la cuestión: "No, no. Prefiero que no aparezca".

Una respuesta que sólo sirve para acrecentar el misterio que existe acerca del destino que le cupo en las primeras semanas de la hecatombe. Palabras que mueven a teñir de verosimilitud los dichos de Marisa, que en aquellos meses solía referir a sus amigos que Carlos había pasado una breve temporada en un retiro espiritual situado en el Norte del país.

Aquella madrugada del día 24 de marzo de 1976, cuando recibió el llamado telefónico, ya no era ministro. A su regreso de Villa Gesell, en la primera semana de febrero, se había alejado del cargo por orden expresa de Miguel. Desde luego, Lorenzo lo había conducido hacia los salones del poder, y al propio Lorenzo le correspondió dejarlo sin empleo. Es que la dulce ilusión de patria metalúrgica y corporativa que Lorenzo daba por cierta todavía en diciembre, y cuyos emblemas más visibles y activos en el gobierno eran Cafiero y Ruckauf, ya causaba en los militares, en particular en el Ejército, un irremisible fastidio. Videla se lo hizo saber a Isabel, y la Presidenta, habituada a responder con prontitud a los reclamos de los militares, aunque no de igual modo a las sugerencias de la oposición, suplicó a Lorenzo que tomara medidas. Miguel Unamuno, hombre de estirpe vandorista, presidente de la Sala de Representantes de Buenos Aires, fue el elegido de Miguel para sustituir a *Carlitos*. Emilio Mondelli, presidente del Banco Central, reemplazó a Cafiero. Mudanzas de escasa importancia, sin embargo, que no bastaron para apaciguar el sonoro malestar de las Fuerzas Armadas.

El día anterior a la asunción de Unamuno, el *Negro Hacha* se ocupó de hacer desaparecer las armas y municiones que llenaban uno de los armarios del despacho de su jefe. En el subsuelo del edificio del Sindicato del Seguro, junto a las calderas en desuso, en un extraordinario escondrijo que hasta la fecha perdura —primavera del año 2000—, el fiel Anselmo ocultó el pequeño arsenal del Ministerio de Trabajo.

Las semanas siguientes, pues, y ante la inminencia del golpe, los hombres poderosos del sindicalismo se abandonaron a secretas deliberaciones con los militares con el fin de acordar pactos, negociar futuras prebendas, o simplemente granjearse la deferencia del poder armado que a los trancos se encaminaba hacia la Casa Rosada. Victorio Calabró conversaba con el general Roberto Viola. Miguel y Ruckauf lo hacían con el amigo Massera, quien, por lo demás, destacaba el especial afecto que profesaba por la historia y los magníficos logros alcanzados por el peronismo. Un sentimiento, acostumbraba decir el almirante, que llevaba en lo más profundo del alma y regía sus pasos.

Miguel y Calabró presumían que el golpe, a partir de la formación de una coalición sindical-militar, podía evitarse o, al menos, posponerse. Indicio evidente de la ciega e ingenua confianza que Miguel había depositado en los militares hasta último momento es la solicitada de las 62 Organizaciones que el mismísimo día 24 de marzo, en tanto la Junta Militar disolvía de un plumazo el Parlamento, la CGT y la Confederación General Económica, y los Grupos de Tareas iniciaban la terrible matanza, aparece en todos los diarios: "El Movimiento Obrero tiene un profundo respeto por sus Fuerzas Armadas", dice el texto. "Hemos sentido como propias las heridas que la guerrilla asesina infligiera a sus soldados".

46

Un apretón de manos, en fin, inconducente, tardío, y, por supuesto, no retribuido.

Días más tarde Ruckauf habrá de enterarse de que buena parte de los funcionarios del gobierno de Isabel, y de sus amigos sindicalistas, están detenidos en el buque *33 Orientales*, anclado en el apostadero naval Buenos Aires. Antonio Cafiero, Miguel Unamuno, Jorge Taiana, José Deheza y Pedro Arrighi; Miguel, Jorge Triacca, Diego Ibáñez y Rafael Cichello, ex secretario de Seguridad Social; el ex Presidente Raúl Lastiri; el periodista Osvaldo Papaleo; el asesor de López Rega y ex secretario de Isabel Perón, Julio González; el ex gobernador de La Rioja, Carlos Menem; el ex embajador Jorge Vázquez. Personas sin duda alguna agraciadas. Sus nombres, al final de cuentas, figuraban en el Acta de Responsabilidad Institucional; habían sido detenidos de manera abierta y amable, otorgándoseles tiempo suficiente para despedirse de sus familiares y empacar ropa y utensilios en una valija. Por lo demás, no obstante encontrarse encerrados, y en algunos casos privados de toda comunicación con el exterior del buque, los habitantes del *33 Orientales* lograrán llevar una vida placentera. Podían jugar ajedrez y a los naipes; leer libros, escuchar radio o sentarse frente a un televisor, y, al cabo de contadas semanas, comenzarían a recibir visitas que traerían consigo no ya el favor de un abrazo, también botellas de whisky escocés y vino de buena cepa. Un encierro a todas luces conveniente, tan sólo perturbado, en ocasiones, por los ecoicos llantos de Menem, víctima de un profundo abatimiento pues los militares, de cuajo, habían hecho añicos sus planes: un mes atrás, el 24 de febrero, con gran alborozo, había anunciado su candidatura a la presidencia de la Nación para el comicio de 1977.

Victorio Calabró corrió mejor suerte. El general Viola, haciendo gala de fidelidad al compromiso asumido, le permitió retirar sus pertenencias del despacho de la gobernación e instalarse libremente en un departamento de Cabildo al 2000, en la Capital Federal, donde nunca jamás fue importunado.

La Asamblea Episcopal celebró con religioso fervor la irrupción de las Fuerzas Armadas: "Sus armas son símbolo de justicia cuyo fruto es la paz". Sacras palabras que habían de cobrar mayor dimensión tres meses más tarde, el 28 de junio de 1976, a través de la boca del nuncio apostólico Pío Laghi, quien de cara a las tropas del Ejército acantonadas en la región de Concepción, en el interior de la provincia de Tucumán, a metros de uno de los tantos campos de concentración que había montado el general Antonio Domingo Bussi, decía: "El país tiene una ideología tradicional, y cuando alguien pretende imponer otro ideario diferente y extraño, la nación reacciona como un organismo con anticuerpos frente a los gérmenes, generándose así la violencia. Pero nunca la violencia es justa y tampoco la justicia tiene que ser violenta; sin embargo, en ciertas situaciones, la autodefensa exige tomar determinadas actitudes, y en este caso habrá que respetar el derecho hasta donde se pueda. Los soldados cumplen con el deber prioritario de amar a Dios y a la patria que está en peligro. Hay invasión de ideas que ponen en peligro los valores fundamentales. Esto provoca una situación de emergencia y en esas circunstancias es aplicable el pensamiento de Santo Tomás de Aquino, que enseña que en tales casos el amor a la patria se equipara al amor a Dios".

Pío Laghi, un nuncio de veras singular que, más allá de su tortuosa misión de emisario del Papa en la Argentina, era propenso a platicar sobre política con Massera, luego, claro, de haber jugado tenis con el almirante.

No había transcurrido siquiera un mes desde el advenimiento del golpe de Estado cuando el joven Ruckauf apareció de improviso en el estudio del doctor Alfredo Allende. En su memoria estaba el entredicho que había tenido con el ex ministro de Frondizi a raíz de las *tarifas*, razón por la cual se presentó en compañía de Rogelio Frigerio, líder del Movimiento de Integración y Desarrollo, con el propósito de evitar reproches o sinsabores. Allende experimentaba un hondo afecto por Frigerio, su jefe político, el hombre que le había franqueado más de una puerta en su carrera, de modo que ofreció café a los visitantes y, sin decir palabra, se dispuso a prestar oídos. Carlos, le dijo Frigerio, necesita que le hagas una gauchada; tiene miedo; hay gente que lo busca; debe realizar un trámite y pide por favor que lo acompañes. "Es acá nomás", dijo Ruckauf con afabilidad. "En Retiro". Y ambos partieron hacia la zona de Retiro en el automóvil de Allende. Cuando estaban a pocas cuadras de la estación de trenes, Ruckauf confesó el destino: vamos al edificio de la Armada. Allende no pudo ocultar el asombro. "Lo voy a ver a Massera. Con él no tengo ningún problema. Me protege. Pero con los otros, no sé". Allende lo aguardó en el interior del automóvil durante una hora, tiempo que Ruckauf, en el despacho del almirante, empleó para pedir favores y hacer una pregunta: por qué habían detenido a Miguel. Massera le respondió: "El Ejército lo chupó y estoy viendo si puedo modificar la situación. Y lo tuyo es parecido. Suárez Mason te quiere chupar. En tu legajo escribió: 'A este pendejo me lo traen a mí'".

Los días siguientes son para Ruckauf un verdadero martirio. No sabe a qué atenerse. Perseguido por el Ejército y los Montoneros, que el día 5 de febrero habían asesinado a su conocido Tarquini —el de la Triple A, el de la revista *El Caudillo*— en Quilmes, pero gozando de la protección de la Armada, cuyo real peso en el triunvirato de militares desconoce. Su nombre, además, es uno de los tantos que la Comisión Nacional de Reparación Patrimonial investiga con el fin de establecer el origen de sus bienes. Las horas de angustia, sin embargo, serán contadas. Ramón Ramírez, un suboficial de la Policía Federal que había sido custodio suyo en el Ministerio de Trabajo, reaparece a la manera de un salvador caído del cielo y le hace saber que tiene una misión: permanecer a su lado continuamente. Será su centinela, su chofer y también un hombro en el que podrá apoyar la cabeza; no hace falta pagarle un peso; el Estado se encarga de sus honorarios. La situación de Ramírez es por demás extraña. Custodio, simultáneamente, del intendente de la ciudad de Buenos Aires, el brigadier (R) Osvaldo Cacciatore, y de *Carlitos*, un ex ministro del gobierno derrocado. "Cuando Marisa me llamaba porque necesitaba algo", rememora Ramírez, "yo iba y la ayudaba. Yo la asistía, y también a los chicos. Los llevaba a la escuela, que estaba a dos cuadras". Gracias al repentino y providencial regreso de Ramírez, a partir de mediados de 1976 Ruckauf podrá desplazarse por la vida sin mayores sobresaltos. "Él tenía un estudio en Córdoba y Montevideo. No iba todos los días pero cuando necesitaba me llamaba", continúa Ramírez. "Íbamos al cine todos juntos, en patota; también al teatro Colón; a comer...". También, al abrigo de la sombra del suboficial, asistirá a los actos oficiales en la escuela donde cursa los estudios primarios su hijo Carlos Germán, y podrá reír hasta desgargantarse en las presentaciones de Les Luthiers.

Un pasar, diríase, tolerable, desembarazado de opresivos temores y penurias, sensaciones que la mayoría de los argentinos que conservaban o sostenían ideas políticas de cualquier naturaleza experimentaban cada día, a cada hora, en todo momento. Una época de la que no hay fotografías que uno pueda contemplar y describir. Si las hay, Ruckauf debe de tenerlas a buen resguardo.

Entretanto, las personas desaparecían. Con urgencia. De la noche a la mañana y sin solución de continuidad. Y los ojos de los otros nada veían, y los oídos de los otros gemido alguno oían. Y las bocas de los otros parecían vanas aberturas, bocas sin fundamento, con talento apenas para engullir en silencio. Había quienes en sus mesas de domingo exponían con orgullo fideos italianos, galletas alemanas, quesos franceses y vinos de Portugal. Había mazapán en las venas. Y en el alma había ajenjo, y pavor y culebras y extrañamiento. La selección argentina había ganado el campeonato mundial de fútbol, motivo por demás suficiente para elevar al paroxismo el atávico furor nacionalista que ha sido uno de los rasgos más distintivos de la historia de la sociedad argentina. Un campeonato que la dictadura había orquestado con el fin de echar por tierra la deplorable imagen que, con sobradas razones, el país había adquirido en el extranjero. Los periódicos argentinos continuaban refiriéndose al hazañoso equipo de Mario Kempes, y en los medios de comunicación del exterior retumbaba la obscenidad del general Acdel Edgardo Vilas: "Los mayores éxitos los conseguimos entre las dos y las cinco de la mañana, la hora en que el subversivo duerme. Yo respaldo incluso los excesos de mis hombres si el resultado es importante para nuestro objetivo".

No resultaba sencillo aprehender con exactitud el significado que la dictadura le confería al término *subversivo*. A esa palabra los militares la habían embarazado de espeluznantes y erráticas acepciones. En esas diez letras cabían personas de cualquier edad y sexo; inválidas, lisiadas o a poco de nacer. Cabían familias enteras. Carlos Grosso, acaso el principal asesor que Ruckauf había tenido en el Ministerio de Trabajo, al parecer pertenecía a esa inconmensurable categoría de gente. Un grupo de tareas lo secuestró días antes del inicio del campeonato mundial, y en un centro de detención clandestino pasó veintisiete días. Mientras Ruckauf gritaba los goles de la selección argentina echado en el sofá del living de su casa de Nicasio Oroño, sintiendo en la nuca el hálito protector del empleado de Cacciatore, Grosso era sometido a brutales torturas que habían de dejarle maltrecha la mandíbula. Lo liberaron la noche en que la selección argentina perdió con la de Italia.

En esas últimas semanas del invierno de 1978, tras un período de encierro en el penal militar de Magdalena, Lorenzo Miguel fue trasladado a su casa de la calle Murguiondo, en Villa Lugano, para permanecer bajo arresto domiciliario. La buena fortuna del padrino político de Ruckauf fue consecuencia de la negociación que meses antes, en un hotel cercano al Aeropuerto Internacional Charles De Gaulle, en París, había llevado adelante Massera con miembros del Consejo Superior del Peronismo en el exilio, entre ellos Casildo Herreras, ex secretario general de la CGT; el dirigente sindical Raymundo Ongaro, en representación de la izquierda peronista, y Héctor Villalón, un enigmático hacedor de asechanzas políticas vinculado al tráfico de armas que, como antecedente más próximo en el tiempo, lucía la acusación formulada por la justicia francesa sobre su presunta participación en el secuestro del ejecutivo Revelli Beaumont, de la empresa FIAT.

Es que en aquel tiempo Massera había comenzado a brindarle forma y tamaño a su peculiar proyecto político, fundado en la absorción de todos los sectores peronistas proclives a rendirse a sus pies, a ignorar el estado de terror impuesto por el almirante y sus cómplices, y a sumarse alegremente a una aventura cívico-militar de cuño populista. Un proyecto que había de florecer años más tarde, primero a partir del lanzamiento del Movimiento Nacional para el

Cambio y, con posterioridad, a través de la promoción del Partido para la Democracia Social.

Aunque las reuniones políticas estaban prohibidas en todo el país, con prontitud la casa de Villa Lugano cobrará todas las características de un salón habilitado por la Armada para realizar allí inofensivos conventículos. Los encuentros de Miguel con sus amigos y confidentes se tornan habituales. Lesio Romero, titular del gremio de la Carne; Roberto García, del sindicato de Taxistas; Carlos Gallo, ex diputado, dirigente del gremio de Telefónicos; Herminio Iglesias, Rafael Cichello, y, claro, Ruckauf, son los concurrentes más puntuales. En ocasiones Massera se hace una escapada. El almirante ha favorecido la situación de Miguel, incluso el continuo desfile de personas por su casa, pero, desde luego, el anfitrión debe rendirle cuentas acerca de lo que allí ocurre. Debe referirle cada una de las palabras, cada una de las opiniones e ideas que corren en los encuentros. La libertad de Miguel y sus amigos para entregarse a peñas políticas será definitivamente amplia e irrestricta cuando, en abril de 1980, la Junta Militar informe a Lorenzo que el arresto domiciliario ha finalizado.

La ubicuidad de Ruckauf a lo largo de ese tiempo de muerte y oprobio es admirable. Ríe con Massera, dialoga con Miguel, pasea por la ciudad de la mano del suboficial Ramírez, ha sido empleado por Diego Ibáñez para trabajar como asesor legal en el Sindicato Único de Petroleros del Estado (SUPE), y, de sopetón, comienza a frecuentar las mesas del *Florida Garden*. Estamos a mediados de 1981 y en el pituco bar de Paraguay y Florida un ecléctico grupo de artistas, intelectuales, políticos y periodistas ha adoptado la costumbre de sentarse a una mesa, tres, cuatro veces a la semana, con el propósito de cambiar ideas e información acerca de los vaivenes de la dictadura, y animar el recobro, lerdo, pusilánime, pero perceptible, de la palabra política.

53

Allí, cualquier día, con el crepúsculo, era posible sorprender a Enrique Nosiglia, Alicia Barrios, Jorge Asís y Joaquín Morales Solá; Leopoldo Moreau, Jorge Domínguez, Sergio Renán e Isidoro Gilbert; Ricardo Kirschbaum, Juan Bautista Yofre y María Laura Avignolo, entre otros, sumergidos en acaloradas discusiones. En esas tertulias Ruckauf establecerá una especial correspondencia con Guillermo Cherasny, un ex oficial de Inteligencia de la Marina que ahora había metido el cuerpo en el disfraz de periodista, y Miguel Brezzano, dirigente radical que, como Cherasny, como Ruckauf, gozaba del aprecio de Massera.

En una mesa del *Florida Garden*, en los días previos a la marcha contra la dictadura que habrá de realizarse el 30 de marzo de 1982 en Plaza de Mayo, Ruckauf perderá la compostura y, a borbollones, dejará escapar una porción de su esencia: "Hay que ir a la marcha. Todos tenemos que ir. Pero si los bolches van, hay que llevar cadenas".

Llegará el último gran despropósito de la dictadura, ese disparate llamado Guerra de las Malvinas que condujo a la muerte a cientos de jóvenes, y al cabo de la luctuosa aventura, más allá de la epidemia de patrioterismo que durante meses habría de atacar a millones de argentinos, tendrá inicio el ocaso final del poder militar que por años había asolado al país. Acorralada por sus propias miserias, presa del desprestigio internacional, en la última semana de febrero de 1983 la Junta resuelve convocar a elecciones nacionales. La fecha establecida, 30 de octubre, hunde a los partidos políticos en un caótico apresuramiento.

El radicalismo no demora en confiar su buena fortuna en la fórmula Raúl Alfonsín-Víctor Martínez. En el Partido Justicialista, conducido por su vicepresidente, Lorenzo Miguel, a causa de la lejanía de Isabel, todavía enclaustrada en

54

Madrid, se absorbe la misma atmósfera que podía absorberse con anterioridad al golpe de 1976. Para los jerarcas del peronismo el tiempo parece no haber transcurrido. Entre ellos, con increíble testarudez, predomina el sueño de patria metalúrgica. Los nombres se repiten: Miguel, Ibáñez, Ruckauf, Luder, Unamuno, Iglesias. Espejo, cada uno de ellos, y a su manera, desde luego, de los principios más conservadores, violentos y retrógrados del peronismo. Con extraño frenesí se ponen a clamar por el retorno de Isabel a la Argentina; la declaran *jefa indiscutida del movimiento obrero y peronista*; a Madrid envían una y otra vez emisarios que regresan doblegados por una realidad, nada novedosa, que les cuesta creer: para Isabel la vida está en otra parte; no habla, no responde, no emite siquiera una palabra de aliento. La mujer da la impresión de haber sufrido una repentina afasia. Las conversaciones para conformar las listas de candidatos, pues, giran alrededor de lo que Miguel dispone. Tan sólo Roberto Digón, Carlos Holubica, Antonio Cafiero y Mario González, fundadores del Movimiento Unidad, Solidaridad y Organización (MUSO), intentan proporcionarle al debate un tibio aire de renovación. Pero es en vano. Lorenzo es propietario absoluto de la estructura, razón por la cual no tarda en desalentarlos, primero, e integrarlos a una lista de unidad posteriormente. Cafiero, no obstante, rehúye a la tentación y anuncia que disputará la candidatura a la gobernación de la provincia de Buenos Aires con Herminio Iglesias.

Miguel, Ruckauf y Luis Santos Casale, ex oficial de la Marina Mercante y, al igual que los primeros, cultor de la estampa de Massera, son los hacedores de las listas. Envalentonado por la holgada victoria que obtiene en la Capital Federal frente a la corriente de Julio Guillán —dirigente de la línea Convocatoria, liderada por Carlos Grosso—, Ruckauf comete un error que lamentará por años. Rechaza el consejo y ofrecimiento de Miguel: encabezar la nómina de candidatos a diputado nacional. No, de modo alguno, repone. El cargo de diputado no lo satisface. Está persuadido de que el peronismo triunfará en el comicio nacional, en todos los distritos, por tanto bien puede pretender la consecución de un cargo honorífico de mayor prestigio. Quiere ser senador por la Capital. Y Lorenzo acepta. Juan José Taccone, dirigente de Luz y Fuerza, es designado segundo candidato a la senaduría. El irreductible poder del sindicalismo en el interior del Partido Justicialista será por completo manifiesto semanas más tarde, cuando Iglesias, en el transcurso de un congreso repleto de irregularidades y grotescas escaramuzas, logre imponer su candidatura a la gobernación, a pesar de los ulteriores pataleos legales de su oponente, Antonio Cafiero.

Miguel, en fin, había hecho y deshecho a su antojo. Una faena que tendría como festivo final, sesenta días antes del comicio, la proclamación de la fórmula presidencial Ítalo Luder-Deolindo Bittel.

La catadura de los candidatos del justicialismo causa en Massera un irrefrenable contento. Su partido, para la Democracia Social, hace saber que no presentará candidatura propia a la Presidencia de la Nación, y, a través de una carta que remite a los medios de comunicación desde el apostadero naval Buenos Aires, el almirante, carnet nº 478 en la logia P2, informa que la pareja Luder-Bittel es la más apropiada para retomar el camino democrático. "Cómo se han equivocado aquellos que supusieron que destruyendo mi personalidad moral iban a conseguir frustrar nuestro movimiento", escribe Massera en la misiva. "En primer lugar, porque yo no estoy derrotado ni mucho menos. En segundo, porque nosotros hemos recogido las antiguas y vibrantes banderas nacionales a las que agregaremos la fertilidad de una renovación histórica". Idéntica postura asume en la provincia de Buenos Aires, donde pasa a retiro a sus candidatos y decide plegarse a Herminio Iglesias. Las palabras que días más tarde formulará el ex ministro Ángel Federico Robledo, sumadas a las apreciaciones de Massera, serán tomadas por el radicalismo como una confirmación de la denuncia hecha por Alfonsín acerca de la existencia de un pacto militar-sindical. "Las Fuerzas Armadas", dirá Robledo con notable inocencia, "prefieren un triunfo electoral del justicialismo antes que el ascenso de los radicales con la figura de Raúl Alfonsín".

Ruckauf, entonces, flota, se echa a andar por la ciudad lleno de alegría, lanzando por toda parte su discurso revolucionario. La certeza de una victoria le ha provocado una embriaguez de la que no consigue librarse. Un día, con los primeros resplandores del sol, va al puerto de Buenos Aires y suelta su arenga: "¡Herminio en Buenos Aires, yo en la capital y Luder en la presidencia, garantizamos que vuelven los días peronistas!". Ladeado por Taccone, el suboficial Ramírez y una decena de matones, va a Plaza Houssay y de cara a cientos de estudiantes universitarios vocifera: "¡Aquí está el movimiento, el pueblo peronista! El ejemplo de la conducción de Perón, Evita e Isabel. ¡Aquí estamos los que fuimos perseguidos, hambreados, con nuestros muertos y desaparecidos, dispuestos a construir el cuarto gobierno peronista! Les vamos a demostrar a los gorilas que nosotros somos la vida, y lo vamos a concretar sin revanchas y con justicia".

Un adelanto de los días peronistas cuyo regreso Ruckauf ha prometido, sucede en el acto de cierre de la campaña del Partido Justicialista, horas antes del comicio, en la avenida 9 de Julio. Acaso un millón de personas que al compás de bombos y matracas gritan: "¡Siga, siga, siga el baile, al compás del tamboril, que el domingo lo aplastamos, lo aplastamos a Alfonsín!"; "¡Se murió Illia, se murió

Balbín, y el 30 de octubre se muere Alfonsín!". Enormes retratos de Isabel, Evita y Perón le brindan al palco oficial un aire cargado de misticismo y melancolía. Una llovizna perezosa e intermitente envuelve a la muchedumbre. Juan Carlos Rousselot, locutor, viejo compinche de López Rega, es el maestro de ceremonias que, sin tomarse respiro, informa a cada minuto: "¡Ya somos dos millones de peronistas!" Ruckauf y Cafiero han sido los primeros en poner los pies sobre el escenario. Entre el gentío es posible advertir decenas de féretros en cuya tapa sobresale la sigla *UCR* o, sin rodeos, el apellido *Alfonsín*. A contados metros de Rousselot, la actriz Libertad Leblanc alza una mano, con dedos sostenidos hace la *V* y luego se pone a firmar camisetas en las que han estampado *Herminio es Pueblo*. Litto Nebbia, Jaime Torres, Ana María Picchio e Irma Roy echan palmadas al aire. Y Rousselot repite a viva voz: "¡Ya somos dos millones de peronistas!".

De pronto, en la noche peronista del obelisco, suena el cántico: "¡Paso, paso, paso, se viene el Peronazo!".

A partir del 24 de marzo de 1976, y hasta las últimas semanas de la dictadura, hubo, no caben dudas, un exterminio planificado. Más de cuatro mil desaparecidos en 1976; 342 por mes; once por día. Más de tres mil en 1977; 238 por mes; ocho por día ... El ochenta por ciento de los treinta mil desaparecidos tenía entre dieciséis y treinta y cinco años. Trescientos cuarenta campos clandestinos de detención diseminados a lo largo del país. La dictadura no sólo había abovedado a una generación de políticos, dirigentes e intelectuales, cuya presencia en esos momentos resultaba vital. A lo largo de siete años de hecatombe y barbarie que de manera ocurrente habían resuelto denominar *Proceso de Reorganizacón Nacional*, los militares habían elevado de siete mil millones a cuarenta mil millones de dólares la deuda externa. También habían favorecido el enriquecimiento de una decena de empresarios que desde entonces dominan los movimientos del país. Pero, por sobre todas las cosas, mediante el terror habían logrado encapuchar a una sociedad, enredarla entre los pliegues del olvido, trastornarle la identidad. Hacer del país, en fin, una ilimitada tierra yerma.

Por donde pasan, decía Tácito, los romanos dejan un desierto y lo llaman paz. En el desierto que había dejado un gobierno de asesinos tenebrosos, Ruckauf había sabido moverse con la sabiduría de un beduino.

3

Otros pueblos pueden padecer dictaduras con el aliciente de saber que, cuando éstas se derrumben, habrá siempre en reserva todo un país alternativo a ellas. En cambio, ¿qué había en la Argentina de alternativo a sus dictaduras que pudiera quedar en pie cuando éstas desaparecieran? Aquí, cada fórmula de poder autoritario que caía sólo dejaba en descubierto un hormigueo de otros autoritarismos en lucha por la sucesión. Basta recordar el país que salió a relucir cuando se retiró del escenario el régimen militar de Alejandro Lanusse.

Era comprensible, pues, que uno se asomara con aprensión al escenario que dejaba en la Argentina el repliegue del Proceso. Resultó no ser, por cierto, el de 1973. Había triunfado Raúl Alfonsín en las elecciones del 30 de octubre de 1983. ¿Pero qué era Alfonsín? ¿Una transitoria anomalía o la expresión de un cambio profundo? ¿Estábamos en presencia de una Argentina nueva o de la Argentina vieja sorprendida por las urnas en un momento de distracción?

PABLO GIUSSANI, *Los días de Alfonsín.*

Son las diez de la mañana de un terrible día de febrero de 1984 y el asesor letrado del SUPE, el doctor Carlos Federico Ruckauf, está inapetente. Su estómago no ha podido tolerar más que tres medialunas y un té oscuro que la secretaria de asuntos legales del sindicato, Olga Rodríguez, le ha servido. El estómago de Ruckauf había supuesto, para esos días, un destino más noble y trascendental, un despacho más suntuoso, cargado de rastros de historia, y su voz resonando en la tribal cueva de los senadores. Nada de eso ha ocurrido. Ahora es un hombre maltrecho. Al fervor militante que había avivado sus pasos durante la campaña electoral, le ha sucedido la pesadumbre. De buen grado cavaría un hoyo. Un enorme hoyo en la tierra donde pudiese ocultar tronco y cabeza a lo largo de un tiempo. No sabe a ciencia cierta qué diablos hacer. El anhelado retorno de los días peronistas ha caído en un despeñadero en cuyas profundidades se retuercen Miguel, Luder, Bittel, el proverbial *isabelismo* de los jerarcas justicialistas y los sombríos fragmentos de la patria metalúrgica. En la Capital Federal, De la Rúa ha obtenido más del sesenta por ciento de los votos, y él, penosamente, menos del treinta. Dicho de otro modo: ha sido aplastado. El cargo de senador, pues, el que, se figuraba, habría de otorgarle mayor prestigio, descansa en otras manos. Su amigo Herminio ha sido derrotado por el radical Alejandro Armendáriz, Alfonsín carcajea y los dirigentes justicialistas han perdido el habla e iniciado una polvorienta retirada. Ninguno se atreve a asomar las narices y ofrecer explicaciones. No pueden más que soltar epígrafes. Herminio ha dicho: "No voy a renunciar a la presidencia del Consejo justicialista bonaerense", y Lorenzo Miguel añadido: "No pienso renunciar ni me siento responsable por el fracaso electoral".

Sin embargo, no todo es desazón en la vida de *Carlitos*. Su patrón, Diego Ibáñez, ha sido designado presidente del bloque justicialista de la Cámara de Diputados de la Nación, de modo que el ocaso de Miguel no le ha quitado el sueño. En Ibáñez, un poderoso y amable sustituto del infausto Lorenzo, ha encontrado nuevo cobijo; el dirigente petrolero es muy atento y afectuoso con él, le habla con confianza, lo incita a trepar peldaños, le brinda, en fin, el mismo trato que supo brindarle José Gennaro Báez cuando a comienzos de los años setenta lo condujo de la mano hacia los puestos de mayor jerarquía en el sindicato del Seguro. Idéntico tratamiento al que Lorenzo supo expresarle en 1975 cuando lo instaló en el despacho del Ministerio de Trabajo: Ruckauf, un joven obediente y solícito, con ansia de poder, al que se debe alimentar y prohijar pues, no caben dudas, no puede ser otra cosa que un eficaz tentáculo. Por lo demás, el *Negro Hacha*, luego de haber buscado refugio en Paraguay, posteriormente en Brasil, y, por fin, hasta el adiós de la dictadura, en casa de amigos cordobeses, ha vuelto a su regazo. Es su chofer. Y en la antesala está, alerta, a la manera de un celoso perro guardián, el suboficial Ramón Ramírez. Ruckauf también ha conseguido entrometerse en el mundo del periodismo, deseo que siempre sostuvo. Es miembro del Consejo Asesor de la revista *Primera Plana*. A su lado figuran nombres que mueven a la curiosidad: Jorge Antonio, inefable mercader amigo de Perón, de Yasser Arafat, del dictador paraguayo Alfredo Stroessner, y urdidor de negocios e intrigas políticas de habitual tono oscuro y notable olor; el doctor Alejandro Tfeli, que en marzo de 1989 habrá de convertirse en el médico personal de Carlos Menem a raíz de la muerte del anterior médico de cabecera, Osvaldo Rossano, en un accidente aéreo; Carlos Grosso; Juan José Taccone. El director general de la revista es Enrique Graci y Susini, (a) *El Mono*, un hombre pendenciero, ex dirigente de la agrupación filonazi Tacuara y gracioso colaborador de los grupos parapoliciales en los años setenta.

No, la vida de Ruckauf no es pura melancolía. Su estreñimiento es pasajero. En contados días colocará los pies en Villa Gesell, en su casa, y entonces podrá amasar pizzas, echarse a caminar por la avenida 3, escuchar Tchaikovsky y, desde luego, visitar en Pinamar a su amigo Alfredo Yabrán.

Ahora llevamos más de una hora de conversación. Guadalupe continúa acurrucada junto a la mesa ratona, las

63

asentaderas descansando sobre los calcañares. El secretario de Prensa y Difusión de la Gobernación, Julio César Macchi, se ha incorporado al encuentro. Le pregunto al gobernador Ruckauf si llegó a conocer a Alfredo Yabrán. Con pasmosa naturalidad, sin tomar aliento, dice: "Sí. Lo conocí en 1988, cuando yo estaba en la Cámara de Diputados, a partir de una denuncia que él hacía contra DHL, y lo trajo un diputado radical, Sanmartino, y el abogado Balbín, pariente de don Ricardo. Yabrán me pareció un tipo interesante, un tipo con mucha personalidad, y en ese momento era el dueño de OCASA".

Semanas más tarde, en su despacho de un área del Ministerio de Economía, el ex diputado Roberto Sanmartino, los cachetes inflamados, la voz llena de furiosa perplejidad, me dirá: "Jamás estuve en esa reunión, y tampoco le presenté a Yabrán. Hacía tiempo que Ruckauf lo conocía".

Ruckauf le debía a su hijo Carlos Germán la buena fortuna del provechoso enlace. El chico había conocido a Pablo y Mariano, los hijos varones de Alfredo Yabrán, durante uno de los ordinarios paseos que los Ruckauf solían hacer desde Villa Gesell a Pinamar en los primeros años de la década del ochenta. Los Ruckauf y los Yabrán advirtieron de inmediato que entre ellos existían afinidades de toda naturaleza. Alfredo y Carlos habían nacido en el año 1944. Alfredo se había casado con María Cristina Pérez el 25 de enero de 1968, y Carlos, con María Isabel Zapatero, el 7 de febrero del mismo año, es decir, dos semanas más tarde. Carlos Germán y Pablo Javier habían nacido en 1971, distanciados tan sólo por días; María Laura y Mariano Esteban, en 1972, y entre Guadalupe y Melina Vanesa, *la princesita* de Alfredo, las hijas menores de los Yabrán y los Ruckauf, había menos de un año de diferencia. Y, entre ambos, Carlos y Alfredo, existía además un lugar común que desde luego magnificó el vínculo: los militares. Uno, se ha visto, había podido sortear el infierno a causa de su excelente relación con la Marina. El otro, más abierto y regalón, había sabido edificar un imperio merced a los negocios comerciales con las tres fuerzas.

Los encuentros veraniegos de los Ruckauf y los Yabrán eran rutinarios. Marisa había descubierto en María Cristina una oreja despierta y atenta. Los hijos gastaban el tiempo tramando juegos en la playa y Alfredo había caído en la cuenta de que se encontraba de cara a un hombre que guardaba muchas semejanzas con su manera de contemplar la vida. La porfía por crecer. La búsqueda continua de mayor autoridad o importancia. Los partidos de fútbol en los jardines de la casa de Yabrán en Pinamar, en la Calle de la Ballena, duraban cincuenta minutos y el árbitro, habitualmente, era Carlos Galaor Mouriño, (a) *Coco*, (a) *El Colorado*, guardaespaldas de Diego Ibáñez y hacelotodo de Yabrán. Los Ruckauf, a pesar del esfuerzo de *Carlitos* y su hijo, perdían sin reparo contra el equipo de Pablo y Mariano. Pero la amargura se desvanecía en minutos, cuando todos se sentaban a una mesa larga y charlatana y masticaban las mollejas y los chinchulines y el lomo que Alfredo asaba. Entonces Alfredo dejaba boquiabierto a Carlos con sus anécdotas y reflexiones acerca de lo sencillo que es proponerse, y lograrlo, ser propietario de un buen bocado del mundo. De un país. De una ciudad. Como en el juego *El estanciero*. Y los políticos, decía Alfredo, son el puente más certero y decoroso para llegar. Ruckauf tuvo entonces noción perfecta de su futura importancia como político. Bocados. Buenos y sabrosos bocados.

En marzo de 1985 acepta el ofrecimiento de Yabrán y se instala en un esplendoroso piso que el empresario le concede en el edificio de la avenida Córdoba 1318. Con felicidad abandona el pálido bufete que compartía con Marisa en Rivadavia al 2000. Consigo lleva a la secretaria Sara Santillán. Y de su bolsillo, circunstancia sin dudas encantadora para un hombre que detesta abrir la billetera, no deberá extraer siquiera un centavo. Nada. Del salario de Sara y de los dos cadetes, del pago de todos los servicios públicos y los gastos diarios, se hará cargo Alfredo. Y cuando le falte dinero, Sara irá a buscarlo a las oficinas de Alfredo. En el piso once del mismo edificio tiene sus oficinas la insondable inmobiliaria Aylmer SA, propiedad del gentil empresario, dueña y administradora de los locales donde llevan a cabo sus negocios firmas como Bridees SRL, Asistencia de Vehículos Comerciales SA, Villalonga Furlong SA, Intercargo SA, Sky Cab SA y OCA. La generosidad de Yabrán sumerge a Ruckauf en un estado de embobamiento. En poco más de un año ha recobrado su impenitente sonrisa, y con un resplandor que hacía tiempo no se percibía. El trabajo en el nuevo estudio es limitado y sencillo; un puñado de expedientes judiciales cuyo desarrollo inspecciona con aburrimiento y de soslayo; luego, la redacción de informes legales que Alfredo le solicita. En el SUPE, a causa de la compacta amistad entre Ibáñez y Yabrán, las ausencias de *Carlitos* son toleradas sin objeción alguna. Marisa, en tanto, ha recibido como obsequio reparador el cargo de juez del Trabajo. Hazaña de *Carlitos* luego de haber fatigado decenas de despachos oficiales y pese a la extremada opacidad de los antecedentes técnicos y profesionales de su esposa: fiscal del Trabajo durante siete meses; asesora en una serie de sindicatos; oyente en *numerosos* seminarios; autora de cuatro ensayos que abogado alguno conserva en los anaqueles de su biblioteca, y coordinadora de debates en el Sindicato del Seguro.

Estimulado por los consejos de Yabrán, que continuamente lo alienta a retomar con ahínco la carrera política y de tal modo despojarse del estigma de dirigente abatido que tanto malestar le excita, a mediados de 1985, pocos meses antes del comicio legislativo, Ruckauf aflora nuevamente en el ámbito político. Roberto Digón y Carlos Grosso son los principales promotores de una renovación en el peronismo de la Capital, de modo que hacia sus brazos corre. Con Digón el vínculo adquiere mayor intimidad pues son vecinos. Las reuniones familiares se suceden. Asados, domingos de tertulia en el living de la casa de la calle Nicasio Oroño. La trayectoria política de Digón y, por sobre todas las cosas, la nefasta experiencia que ha vivido en la dictadura, no guardan relación con el pasado de Ruckauf. Digón había padecido secuestro y torturas; había estado exiliado y luego, en 1979, preso a causa de su participación en una huelga. Pero Ruckauf logra conmoverlo y tender un férreo lazo narrándole las penurias que también él ha sufrido durante la dictadura: "Fui prohibido, perseguido, atormentado", le dice; "viví oprimido y oculto en sitios de mala muerte", subraya. Y, mientras refiere sus pesares, solloza. Sí, Ruckauf echa lágrimas y le dice a Digón que todos sus males, la feroz persecución que sufrió y lo obligó a buscar refugio en casa de uno y otro amigo a lo largo de los años de dictadura, han sido fruto del discurso que soltó en septiembre de 1975 contra los militares. Digón encoge los hombros; frunce el entrecejo. No recuerda el tal discurso. Ruckauf recita: "Si no merecemos gobernar, el pueblo nos sacará en las urnas, en 1977. Pero guay de aquellos que quieran intentarlo antes por otros medios. Porque el pueblo, una vez más les va a demostrar que aquí no se puede gobernar sentado en la bayoneta. Hay dos concepciones de país, una de las cuales es la liberal, que está montada en la bayoneta, que sólo sirve para pinchar, pero no para sentarse sobre ella". Palabras que, al parecer, y como se ha visto, sólo provocaron la indignación de Suárez Mason.

Digón, bordeando también el llanto, lo abraza. Presume que delante tiene a un hombre que, como él, fue víctima de las canalladas de los militares. Un hombre malherido. Toman mate, conversan acerca de las razones que condujeron al peronismo a la derrota. Digón expone las suyas de manera franca: "Nosotros, Carlos, perdimos las elecciones porque pagamos las consecuencias de la Triple A, de los grupos de compañeros peronistas armados y de algunos sectores sindicales. Estoy convencido de que la Triple A la integraban guardaespaldas de la UOM y el SUPE". Por un momento, Ruckauf se estremece, hace a un lado su especular sonrisa. "Estando en la cárcel", continúa Digón, "conocí muchos policías presos por excesos y esas cosas, y ahí me fui enterando de vinculaciones de algunos dirigentes sindicales con Massera y la Triple A". Ahora Ruckauf es una madeja de nervios. Empequeñece en la silla. "Las 62 organizaciones", concluye Digón sin ocultar el enojo, "fueron las grandes responsables de la derrota por su complicidad con los militares". Y Ruckauf, entonces, asiente. Primero en silencio, moviendo la cabeza como un pesado badajo. Luego, presa de un rapto de desmemoria que lo lleva a creer que su historia recién ha comenzado, lo hace a viva voz. "Es así, Roberto, es así. Debemos alejarnos de los perdedores para construir el peronismo de la victoria".

El ingreso de Digón, Grosso, Miguel Ángel Toma y Eduardo Vaca a la Cámara de Diputados de la Nación, al que se añade el de diez cafieristas en representación de la provincia de Buenos Aires, causa en los renovadores de la Capital un desmesurado enardecimiento. El piso de la avenida Córdoba se transforma en el centro de operaciones. Tres, cuatro veces a la semana, Digón, Grosso y Ruckauf se sientan a una mesa ovalada y comienzan a labrar los pasos futuros. Sara Santillán no hace otra cosa que servir café a los invitados y desplazarse, con rara asiduidad y a pedido de Ruckauf, a las oficinas de Yabrán, de donde regresa, siempre, con gruesos sobres. En esos días de bonanza económica y política, *Carlitos* recibirá un inesperado presente: el suboficial Ramírez ha resuelto alejarse de la Policía Federal y entregarse por completo a los caprichos de su protegido. "Me retiré para estar a full con él. Ya no era que estaba como custodio y me mandaban. Estar con Ruckauf ya era privativo mío".

De pronto lo asalta el desdén más absoluto. Ha comprendido que la cercanía de Miguel e Ibáñez puede arruinar su novedosa imagen de hombre teñido de afanes progresistas. Grosso y Digón le han prometido el primer lugar en la lista de precandidatos a diputado nacional en la elección de 1987. Y Yabrán, luego de palmearle un hombro, todo su apoyo económico. El empresario invierte cientos de miles de dólares en la impresión de afiches y folletos que tienen a Ruckauf como protagonista escénico en la interna que, no sin osadía, emprende contra la lista que Raúl Matera encabeza con el sostén de Lorenzo Miguel y Diego Ibáñez. El hacedor de imagen Enrique *Pepe* Albistur es el encargado de componer los afiches, fundados en una fotografía que Guadalupe ha escogido entre decenas: el rostro de su padre, desde luego, abandonado a una sonrisa sardónica.

Una mañana, primeras semanas de la primavera de 1986, la sonrisa de Ruckauf repleta todas las tapias y paredes de Buenos Aires. La máquina se ha puesto en marcha. En el piso que le ha concedido Yabrán, el de la avenida Córdoba, recibe a un periodista del diario *Clarín* y clama: "He decidido dejar el peronismo de la derrota para entrar al peronismo de la victoria. Ya no me importa quién gane la interna porque yo me alejé del peronismo del pasado". Días más tarde dirá: "Lorenzo es el principal aliado de los radicales".

Miguel e Ibáñez no piensan más que en estrangularlo.

69

¿Cómo ha sido capaz de hacernos esto? Ibáñez encomienda a su discípulo y diputado nacional Juan Carlos Crespi que, con premura, eche a Ruckauf del SUPE. "¿Por qué? ¿Qué le digo?", pregunta Crespi. "Lo que quieras. Pero lo echás de inmediato o te echo a vos". Y Crespi cita a *Carlitos* y le hace saber que está despedido; debe reunir sus pertenencias y marcharse. Y *Carlitos* recoge sus cosas de prisa y se retira sin preguntar por qué debe hacerlo. Lo sabía con antelación.

El *Gaucho* Onetto, entonces secretario de Organización de la UOM, el día 19 de diciembre remite a Ruckauf, con el guiño de Miguel, una carta de tono áspero:

"Es mi interés preguntarle si su cargo como ministro de Trabajo y su candidatura a senador no se las debe a las 62 organizaciones y a nuestro gran conductor, Lorenzo Miguel. Usted se equivoca cuando hace una crítica a las 62 organizaciones con frases que no corresponden a su capacidad intelectual".

Ruckauf jamás habrá de responderle. Está enfrascado en otras cuestiones. Ibáñez y Miguel son personas que ahora no pueden traerle provecho alguno. "¿Cómo he cometido la estupidez de juntarme con esos tipos?", le confiesa a Digón. La elección interna, sabe, será sumamente difícil. Y, en efecto, lo es: la lista que lidera vence a la de Matera por escasos dos mil votos, entre sesenta mil escrutados. Candidato ya oficial, pues, se echa a recorrer los barrios, y en una calle de Flores, de casualidad, se reencuentra con Onetto. El *Gaucho*, que había tenido mejores días, se interpone en el camino de Ruckauf, el risueño y renovado candidato que pasea por la ciudad, y sujetándole con fuerza el antebrazo le dice: "Hasta que no vengas a pedir disculpas por esa frase que dijiste, eso de que dejás el peronismo de la derrota para entrar al peronismo de la victoria, vos hasta que no vengas a disculparte a Lugano, no venís a hacer ningún acto porque van a ocurrir cosas desagradables, ¿entendiste bien? Tenés que venir a la Unión Obrera Metalúrgica. ¿Te acordás de la UOM? Vamos a comer un asado como lo hemos hecho tantas veces, y ahí vas a hacer las aclaraciones pertinentes". Ruckauf pasará el resto del día con el rostro transfigurado, sintiendo continuamente la presión de las uñas de su viejo amigo Onetto en el brazo, en el cuello, en los testículos. *Cosas desagradables*. Con sobrados motivos conoce el verdadero significado de la expresión que el *Gaucho* le ha arrojado como un escupitajo.

Días después, las piernas cortas todavía trémulas, comerá asado en Villa Lugano, a la manera de un bufón desprovisto de gracia procurará arrancarle una carcajada a Miguel, y por fin, con afectación, explicará: "Acá hubo un malentendido, compañeros. Yo no dije eso. ¿Cómo podría llegar a decir una cosa así? No, no, el periodista me sacó de contexto. Siempre he tenido a las 62 organizaciones, y en especial a vos, querido Lorenzo, como mis referentes políticos fundamentales".

En el verano de 1988 los Ruckauf y los Yabrán celebraron el ingreso de *Carlitos* en la Cámara de Diputados con un fastuoso banquete en Pinamar. El empresario postal daba la impresión de encontrarse aun más satisfecho que su amigo. Razones tenía. A fin de cuentas su apuesta había sido acertada. Había rescatado a Ruckauf de la melancolía política en que estaba hundido; había avivado, financiado y vigilado, paso a paso, su retorno. Había llegado, por tanto, la temporada de la cosecha. Pero el contento de Yabrán a poco está de derrumbarse por completo semanas después de la celebración. Su hijo Mariano sufre un accidente de moto que lo deja al borde de la muerte. Los médicos no se

71

atreven a aventurar pronóstico. Los Ruckauf interrumpen el descanso de enero y prontamente acuden al sanatorio. Alfredo, sin contener las lágrimas, recibe con gratitud el vigoroso y sentido abrazo de Carlos. Con todo, el accidente de Mariano no será más que un susto. Con el correr de los días logrará reponerse, a punto tal que un año más tarde su padre organizará un monumental baile para festejarlo. La invitación que reciben los Ruckauf es pintoresca: un cuadernillo compuesto y diagramado como un diario, titulado *Clarinete*, y, gran nota de tapa, la fotografía de Mariano y el texto: EL SUCESO DEL DÍA—1er ANIVERSARIO RENACIMIENTO DE MARIANO—MATI—NERRO—YABRÁN. En el interior, el convite formal:

MARIANO YABRÁN
Te invita
25 de enero '89
TÍO CURZIO
21.30 hs.
Súper puntual
Súper informal
Boulevard Marítimo
esq. Colón — Mar del Plata

Ruckauf y flia., desde luego, figuran en la nómina de *invitados de honor*.

La presencia de Yabrán en el despacho del diputado Ruckauf será constante y en ocasiones sombrosa. Personalmente, a través de llamados telefónicos o metido en el cuerpo de Rodolfo Balbín, su mano derecha en OCASA, Alfredo se consagrará, ahora sí, a la noble y pertinente cosecha. Una tarde de otoño, ladeado por Balbín, visita a su amigo en el Parlamento y le hace saber que está indignado con la empresa de correo privado DHL, de capitales británicos. Estos tipos, explica a *Carlitos*, están entorpeciendo mis negocios; actúan con deslealtad; es necesario hacer algo al respecto. Y deja entrever un motivo digno de ser investigado: "Según la información que manejo, DHL evade impuestos". Ruckauf se muestra solícito y comprensivo pero le aclara que, pese a formar parte de la Comisión de Comunicaciones, poco y nada entiende acerca de la cuestión, de modo que buscará el auxilio de algún especialista que pueda formularle mayores precisiones. No es necesario. Balbín se las ofrece de inmediato. Le entrega un enjundioso escrito en el que ha detallado los puntos frágiles de la conducta comercial de DHL. Ruckauf se pone a trabajar. Al informe de Balbín le proporciona un tono acorde a la usanza legislativa y, como si fuera un solitario espadachín, prescindiendo de la firma de otros miembros de su bloque, presenta en el recinto un agresivo pedido de informes con *carácter de proyecto de resolución*. "Según nuestros informes", escribe Ruckauf en uno de los pasajes de los fundamentos de su presentación, "las modalidades operativas de dicha multinacional, con la participación necesaria de la sociedad local DHL Internacional S.A., traen como consecuencia evasión impositiva. De ser cierta la maniobra corresponderá promover reformas legislativas que limiten este accionar o desarrollar las acciones legales correspondientes".

Ruckauf, el joven diputado Ruckauf, entendió Yabrán, había correspondido con lealtad y atrevimiento, razón por la cual, enterado de que la Comisión de Comunicaciones estaba presta a modificar el artículo 4º de la Ley de Correos, el empresario tomó el teléfono y le hizo saber a Ruckauf que de ninguna manera *eso* podía ocurrir. El temor de Yabrán era mayúsculo. Gracias a ese artículo, ideado por el dictador Jorge Rafael Videla en mayo de 1979 con el fin de favorecer los intereses de OCASA, se había quebrado el monopolio del mercado postal interno y legalizado el funcionamiento de los correos privados, que él dominaba a sus anchas. Y ahora unos diputados impertinentes se habían propuesto modificarlo, estipulando, en el inciso 2 del artículo, el llamado a licitación "para autorizar a terceros la admisión, transporte y entrega de comunicaciones o envíos sujetos a monopolio postal". La simple inclusión de dos palabras, *mediante licitación*, había sacado de quicio a Yabrán. No, no podían cometer tamaño despropósito. Su generosa billetera, sumada a los poderosos influjos de su amigo Ramón Baldassini, viejo dirigente del sindicato postal, habían sido suficientes, hasta entonces, para manejar sin estorbos e imprevistos el millonario mercado del correo privado. Pero nadie podía asegurarle la continuidad de su monopolio a partir del establecimiento del llamado a licitación. Algo injusto. Cualquier empresa estaba en condiciones de entrometerse. Ruckauf no sabía qué hacer, pues sin proponérselo había cometido una gran macana: el dictamen que tanto disgusto le había causado a su amigo Alfredo llevaba también su firma. El entonces diputado Sanmartino —experto en la cuestión postal e íntimo amigo del empresario— cuenta que el día de la sesión en que la Comisión de Comunicaciones hizo saber que el despacho había sido aprobado por unanimidad, es decir, que la dicha de Yabrán se encontraba al punto de caer en un camino incierto y sinuoso, Ruckauf, con vehemencia, la cara desfigurada por la desesperación, pidió la palabra. Los legisladores le echaron una mirada llena de asombro. No entendían el porqué de semejante reacción, pues, se ha dicho, al pie del despacho figuraba su firma. Al cabo de un latoso discurso cargado de un nacionalismo arcaico, en el que aseguraba haber reflexionado largamente, y esgrimiendo como argumento el riesgo que implicaba para la soberanía del país la posibilidad de que empresas extranjeras accedieran al manejo de la correspondencia *mediante licitación*, Ruckauf volvió sobre sus pasos y solicitó el regreso a Comisión del despacho y su sometimiento a una detenida revisión. Lo consiguió, y el despacho, por siempre, tuvo como destino una gaveta.

Durante el debate interno entre Antonio Cafiero y Carlos Menem juzgará oportuno tomar distancia, permanecer apartado y al acecho. Ninguno de los precandidatos a la Presidencia de la Nación le excita confianza. Además, aleccionado por el comportamiento de Yabrán, que al igual que un mecenas víctima de la incontinencia se ha puesto a repartir millones entre unos y otros, adopta una actitud equívoca. No pretende quedar fuera del banquete, y con idéntica impostura e intensidad promete a cafieristas y menemistas su incondicional apoyo.

El resto, es decir, la victoria del menemismo en las elecciones de 1989, los saqueos, la hiperinflación y la crisis política del gobierno radical, es historia harto conocida: cuando Alfonsín no sabía ya cómo aplacar el incendio que abrasaba todo el país proyectando las llamas hasta el cielo, Menem y Duhalde, victoriosos ya, llevarán a la práctica el consejo que Perón, desde el exilio, les había hecho llegar a los peronistas a mediados de 1966: "Al viejo Illia acérquenlo hasta al abismo pero no lo empujen. Que se caiga solo". Y Alfonsín, tambaleando, abandonará el gobierno a las apuradas.

Días después de la asunción de Menem, la ambigüedad de Ruckauf se hará añicos. De prisa comienza a tender puentes con el nuevo poder que ha asentado los reales en la Casa Rosada. Llama por teléfono a Menem y, tras felicitarlo con fingido énfasis, le informa que para él comportaría un gran honor sumarse al profundo cambio que se inicia. "Señor Presidente", le dice, "cuente usted conmigo para lo que crea conveniente". Menem responde sí, por supuesto, que lo tendrá en cuenta. La designación como ministro de Relaciones Exteriores de su amigo y compañero de bloque, Domingo Cavallo, lo mueve a pensar que la consecución de algún cargo es factible. En la confitería *Casablanca* se encuentra con el ex funcionario de la dictadura y sin rodeos le suelta: "*Mingo*, hay un lugar que me gusta, pero supongo que Menem ya debe tener algún tipo de su tropa, que es ser embajador en España". Sí, para España había un tipo de la tropa. Pero no para Italia, de modo que Ruckauf, deseoso de conocer un nuevo mundo, y, en particular, de mostrarse obediente ante su impensado jefe político, acepta la oferta de Menem y a la mañana siguiente, luego del encuentro con *Mingo*, se reúne con el Presidente en una oficina de la avenida Callao. "Bueno, Carlitos, tuteémonos como nos tuteábamos antes", le dice Menem. "Nuestras diferencias están todas olvidadas, yo soy el Presidente de todos, y por eso te he dado esta responsabilidad, porque quiero un tipo como vos manejando un convenio bilateral de tanta importancia y con tanto dinero en juego, como el que tenemos con este país. Y tenés toda mi autoridad para actuar".

En la primera semana de septiembre, luego de haberse sometido a un intenso y trabajoso curso de italiano en el laboratorio de idiomas de la Fuerza Aérea, partirá hacia Roma. La casa de Nicasio Oroño quedará a cargo de Marciana, *Marce*, la fiel y eterna empleada de los Ruckauf; y el ex suboficial Ramírez, pese al dolor que le ha ocasionado el desplante de su jefe, reacio a llevarlo consigo, cada tanto se hará una escapada hasta La Paternal. Para charlar con *Marce*, para cerciorarse de que todo está en orden.

En Italia, *Carlitos* habrá de ocuparse con gran celo y esmero de la responsabilidad que Menem ha puesto en sus manos: administrar, con patriotismo y cordura, el correcto destino de los millones de dólares en créditos blandos que Alfonsín había acordado con el aval del gobierno italiano.

4

Camouflage,
apariencias engañosas
que no dejan ver las cosas
como son en realidad.
Martingalas,
de tahúres de la vida
que escabullen la partida
con genial habilidad.
Camouflage,
emboscada traicionera
en donde cae cualquiera
con total ingenuidad.
Artimañas,
que al nacer ya nacen muertas
porque quedan descubiertas
con la luz de la verdad.

JOSÉ GARCÍA, *Camouflage*, tango.

Es un día de cielo límpido y sol amable y pertinaz de la primavera italiana de 1990. Está sentado a una mesa de un bar, en la acera, en Piazza Navona. La arquitectura renacentista que lo circunda, empecinada en despedir esa atávica luminosidad ocre que en todo turista suele excitar un estado de pacífica embriaguez, le importa un bledo. Toma capuccino y con resignación mastica un *cornetto*. Es lo más parecido a una medialuna que en todo este tiempo ha sabido encontrar. Pero el *cornetto* es seco y dulzarrón; lo moja en el capuccino y lo lleva a la boca. Ninguna de las personas que pasan por allí podría creer que ese hombre de expre-

79

sión desabrida, petiso y semicalvo, que ataviado con un buen traje negro de corte italiano examina con curiosidad el resto de un *cornetto* embebido en capuccino, es un embajador. Indiferencia que él muchas veces considera terrible desdén, pues lleva seis meses en Roma y por lo tanto, cree, algún desconocido ya tendría que haber reparado en su existencia. Seis meses en Roma, ciento ochenta días en Roma, y, sin embargo, la sensación de extrañamiento que lo asaltó en las primeras semanas todavía persiste. Habitar el inmemorial palacete que el rey Vittorio Emanuelle II obsequió a su amada Rossina en la segunda mitad del siglo XIX tampoco le ha servido para mitigar el estado de vaga tristeza que a menudo lo ataca. La residencia, donde atiende sus asuntos la embajada argentina, está situada en Piazza dell'Esquilino, en pleno centro histórico de Roma, frente a la bella basílica de Santa María Maggiore, popular templo católico destinado al culto de la virgen María.

No, nada, hoy, lo satisface. A poco de llegar, el Embajador Extraordinario y Plenipotenciario de la República Argentina ante la República de Italia, República de Malta y FAO, Carlos Federico Ruckauf, buscó medialunas y no las halló. Buscó fainá y lo tomaron por loco. Comió pizza y a los cuatro vientos puteó esa masa fina, apenas entretenida por trocitos de muzzarella chirle. Exigió tallarines con tuco y pesto y lo observaron con desprecio. Una mañana equivocó el camino, se puso a andar hacia Stazione Termini, y de pronto se encontró de cara a un inquieto gentío que le causó terror. Marroquíes, eritreos, rusos y albaneses lanzados a procurar mejor fortuna en el centro de la europa democrática. Extraños seres de pellejo cetrino, mirada huidiza y aros en la nariz, en los labios, en los carrillos; cabezas engalanadas con gorros arabescos; profusión de puestos callejeros, diseminados por las aceras, ofreciendo baratijas. Por lo demás, en sus caminatas por el centro histórico no ha visto otra cosa que construcciones viejas y petisas, desprovistas de ascensor, erigidas trescientos, cuatrocientos años atrás. Y con sumo esfuerzo ha sabido sortear el laberinto que conforman esas callejas del demonio que todo lo embarullan. Una ciudad, en fin, en ruinas, donde la simetría y el prolijo paralelismo urbano de Buenos Aires no tienen cabida. Tan sólo la contemplación del soberbio monumento a Vittorio Emanuelle II, el rey que, junto a Garibaldi y Cavour, alentó y logró la unidad italiana, le infunde placer: un disparatado adefesio blanco, de una presuntuosidad artística casi obscena, obra, claro, de Benito Mussolini, y que los italianos han resuelto mantener en pie movidos solamente por su inveterado respeto por la historia, aunque no sea más que un rastro del sombrío período fascista.

Lo único que hoy agradece el embajador, mientras inspecciona el quinto *cornetto* antes de ponerse a mordisquearlo, es haber heredado los servicios de Graciela Finauri, hasta su arribo agregada administrativa en la embajada, y ahora su secretaria privada. Una mujer llena de energía, discípula del viejo diplomático Enrique Quintana. Finauri es sagaz, puntual, dueña de un sentido práctico de la vida por momentos cruel. Ella, sola, prescindiendo de cualquier auxilio, bien podría dirigir la embajada. Y es lo que está haciendo en este preciso momento, en tanto Ruckauf examina el *cornetto* y maldice la hora en que aceptó el cargo. Es que en su familia impera el alboroto. Anoche, María Laura le ha hecho saber que ya no soporta la ciudad, los italianos, y, mucho menos, los aires de grandeza que en ocasiones se apoderan de su padre; un novio la aguarda en Buenos Aires, razón por la cual hacia allá partirá. Y Marisa, horas atrás, lo ha mandado al diablo. Ha sido presa del hastío. Mi tolerancia tiene un límite, le ha dicho. No tolera, por ejemplo, la trampa que continuamente le tienden esas ruinosas callejas empedradas, y entonces los tacos altos que se quiebran y la obligan a chancletear como una cualquiera; pero, en particular, no tolera el novedoso hábito que ha adquirido Carlos para sobrellevar el desarraigo, champagne y carcajadas a toda hora, en compañía de aspaventeros empresarios o de los buenos amigos argentinos, como el diputado José Luis Manzano y el secretario de Asuntos Especiales de la Cancillería, Alfredo Karim Yoma, que sin previo aviso irrumpen en la mansión y alegremente se ensanchan en los sillones y se ponen a conversar acerca de fabulosos negocios. Ahora, ella, los pies metidos en un calzado de suela rasa, debe de andar por donde sólo le place andar: recorriendo los vistosos escaparates de Via Condotti, Via Frattina o Via del Corso. Luego, con un saco de Armani a cuestas, rabiosa beata como es, buscará amparo en el Vaticano, en la inabarcable Piazza San Pietro. Y allí, al cielo, echará sus ruegos: que sus hijos no caigan en el libertinaje que tantas veces ha podido corroborar en las jeringas apelotonadas en los recovecos de las calles de Trastevere; que el señor libre a Carlos Germán de la tentación de caer en las garras de esas prostitutas que a lo largo del río Tevere, con sus fuegos de ramas encendidas, aguardan la aparición de algún cliente. En tanto, Carlos Germán busca oxígeno en Trastevere. Barrio cargado de bohemia y juventud, donde el placer está librado al desorden, a la contingencia, a la ley del encuentro y el desencuentro. Por toda parte hay artesanos y artistas plásticos; por toda parte las gentes se juntan y conversan. Allí puede el hijo del embajador desembarazarse de la corbata protocolar y abandonarse al uso de las alpargatas y sumergirse en sus proyectos de cineasta y presumir, por momentos, que el descalabro familiar es pasajero.

Apenas en Guadalupe, que experimenta hacia él una continua idolatría, fundada, acaso, en la inocencia de sus quince años, Ruckauf ha conseguido un sostén familiar que en muchas oportunidades le aviva el ánimo.

En estos seis meses, no obstante, sobreponiéndose con hidalguía al sinsabor que le causa la ciudad, Ruckauf también ha hecho el papel de embajador. A su arbitrio, desde luego. Los consejos de Yabrán, que en tiempos de la dictadura argentina supo echar buenos lazos con la P2 e importantes empresarios, le han sido de suma utilidad. Ha conocido a los hermanos Braghieri y los hermanos Castiglione, propietarios del holding CO.RI.MEC. ITALIANA SpA, entre cuyas empresas sobresale la Ducatti Meccanica SpA, que el número 2 de la P2, Umberto Ortolani, consiguió resucitar. También ha contado con la buenaventura de tejer amistad con el representante del Banco de la Ciudad de Buenos Aires en Roma, Giorgio De Lorenzi, y con el operador de CO.RI.MEC. en la Argentina, Massimo Del Lago. Entre todos los mencionados, con la elemental condescendencia de Ruckauf y el juicioso control que el presidente Menem ejercerá a través de sus emisarios Manzano y Yoma, habrá de llevarse a cabo la malversación de un millonario crédito avalado por el *Tratado entre la República Argentina y la República Italiana para la creación de una Relación Asociativa Particular* —suscripto por Alfonsín en diciembre de 1987—, y cuya historia, a causa de su complejo descaro, es digna de ser narrada con todo detalle y menudencia.

Todo comenzó el 28 de septiembre de 1988, cuando el apoderado general de la Asociación Mutual de Conductores de Taxis y Afines (AMCTA), Darwin Armando Torres, firmó en Italia, con un grupo de bancos encabezado por el Overland Trust Bank, de Suiza, y el General Bank, de Bruselas, un *acuerdo préstamo* por 100 millones de marcos para construir 50 estaciones de servicio de expendio de GNC (gas natural comprimido) en la Argentina. Horas después, Torres firmó otro contrato, en este caso con la empresa constructora MAT (Macchine Alimentari Trasporti S.R.L.), de Parma, presidida por Vittorio Serri, que se haría cargo de las obras por un valor de 135 millones de marcos. El 15 de febrero de 1989, como garantía del emprendimiento, se integró a la iniciativa Agip Argentina. Un proyecto de extraordinaria valía, pues, cuya ejecución traería como fruto inmediato la creación de cientos de puestos de trabajo en ambos países, además, claro, de suponer sustantivas ganancias para Italia y el ingreso de nuevas inversiones en la Argentina. El gobierno radical alentó la iniciativa con inocultable entusiasmo.

Con todo, la convulsionada situación política que habría de padecer la Argentina a partir de enero de 1989 hizo que las negociaciones quedasen en suspenso hasta la asunción de Menem, y luego fueran retomadas aunque movidas por un cúmulo de intereses personales, por un ansia de enriquecimiento tan supina como grotesca.

Días después de la partida de Ruckauf hacia Italia, el secretario de Energía, Julio César Aráoz, torna público su apoyo al proyecto de los taxistas; a los italianos ofrece como garantía las reservas petroleras de la provincia de Formosa, calculadas en 3,5 millones de metros cúbicos, y el Banco Hispano Americano, su sede en Milán, se suma a la empresa ofreciendo aportar el 50% del crédito. Entretanto, el embajador Ruckauf recibe a Serri en su despacho y le asegura que todo se encamina correctamente, palabras que excitan al empresario parmesano a enviar a la Argentina equipos por un valor de 25 millones de dólares. Además, a través de una nota oficial fechada el día 16 de noviembre de 1989, Ruckauf hace saber al gobierno italiano que el proyecto es de *interés nacional prioritario*: "From Mat Srl Parma, 10:43, From Ministero degli affari Esteri, Palazzo della Farnesina, Roma. Se avisa a los italianos que de acuerdo a

84

las anteriores notas 420 y 421 de la Embajada, el proyecto sigue en pie y que será financiado por el Banco Hispano Americano". Por su parte, en Buenos Aires, el 29 de enero de 1990, Karim Yoma envía una nota al embajador de Italia en la Argentina: "Mire embajador, esto del GNC es un negocio redondo, y encima los radicales lo han declarado de interés nacional. Eso sí, los muchachos necesitarían la cobertura de riesgo, que usted puede conseguir. Déle, don Ludovico, sea bueno". Los términos empleados por Yoma dejan perplejo al embajador Ludovico Incissa di Cammerana. Negocio redondo ... los muchachos ... Déle, don Ludovico, sea bueno. No resultaba, desde luego, el modo más apropiado para dirigirse a un diplomático. Pero era el modo de los Yoma, el modo del menemismo, conmovedora mezcolanza de rusticidad y codicia.

En esos días del verano de 1990, Torres y el presidente de la mutual de los taxistas, Enrique García, hermano del diputado nacional Roberto García, son citados por los hacendosos hermanos Yoma, Emir, Omar y Alfredo Karim, a sus oficinas de la calle Florida 981. En su libro *TANGENTINA. Corrupción y poder político en Italia y Argentina*, el periodista Norberto Bermúdez ofrece una pormenorizada descripción del cándido encuentro, donde también estaba presente el diputado Manzano:

Cuando llegaron al tercer piso del edificio de oficinas de la calle Florida, estaban Emir y Omar. Cinco minutos más tarde llegó Karim. Ahora sí. La reunión podía comenzar. Cuando Torres quiso explicar lo de la importancia estratégica del proyecto, los grandes recursos gasíferos del país, y que la bendición de Dios Todopoderoso estaba con ellos y con los italianos, Emir interrumpió:
—Bueno, pero ¿cómo son los tantos...?
Torres advirtió instantáneamente que el asunto se complica-

ba. Pero intentó continuar. Se ve que Emir tenía poco tiempo, por lo que se apresuró a zanjar aquel encuentro urgentemente:

—Mirá, el asunto será "fifty fifty" entre Chupete, García y nosotros. Nosotros te vamos a garpar lo que la mutual ha gastado, y así se abren.

En efecto, el acuerdo firmado por Torres con el Club de Bancos y con el abnegado Vittorio Serri en septiembre de 1988 había comenzado a tomar otro rumbo, un derrotero paralelo y furtivo en el cual los plausibles intereses de Torres y Serri no estaban desde luego contemplados. Ya se lo había dicho Menem a Ruckauf: "Quiero un tipo como vos manejando un convenio bilateral de tanta importancia y con tanto dinero en juego". Y Ruckauf había sabido manejarlo. En las últimas semanas de 1989, hondamente seducido por el poder de los Braghieri y los Castiglione, el embajador había presentado a Menem al hombre de CO.RI.MEC. en Buenos Aires, Massimo Del Lago. Al Presidente le bastaron pocos minutos para caer en la cuenta de que ante sí tenía a un personaje que podría resultarle muy provechoso. Del Lago se presentaba no ya como la voz del holding, también se ufanaba de su profunda amistad con Giulio Andreotti, el emblemático político italiano de la Democracia Cristiana, varias veces primer ministro, sobre cuyas espaldas habrían de caer serias sospechas por sus vinculaciones con la mafia y la P2. La correspondencia entre Menem y Del Lago será tal, que juntos celebrarán la Navidad de aquel año en la extravagante Antártida Argentina. Ocurre que CO.RI.MEC. era una asociación con afanes tan diversos como inabarcables. No le resultaban ajenos los aeropuertos, área que despertaba el interés de Alfredo Yabrán, a esa altura también compinche del Presidente (en 1990, de hecho, al holding italiano el gobierno argentino le adjudicaría las obras de remodelación de siete aeropuertos, por la llamativa suma de 345 millones de dólares. Un acuerdo que Victorio Orsi, secretario de Estado, echaría por tierra recurriendo a una ingeniosa frase: "Con la mitad de esa suma podemos remodelar los aeropuertos con un sauna en cada toilette y un negro para apantallar". Orsi, por supuesto, perderá el empleo).

Ahora, al cabo de su paseo por Piazza Navona, el embajador ha regresado a la mansión. Graciela Finauri le informa que el señor Serri ha telefoneado cuatro veces; el empresario parece irritado; considera que el embajador no quiere atenderlo. Y es así. Pero Ruckauf no ha escuchado las palabras de su secretaria; sin detenerse ha seguido camino hacia su despacho, donde se enclaustrará por horas. En su cráneo se entreveran los pensamientos. La trama paralela del crédito; el campeonato mundial de fútbol que se avecina y la anunciada visita de Menem para la inauguración; el aquelarre familiar. Pero, por sobre todas las cosas, es el negocio de las pensiones, el que con gran astucia política ha sabido maquinar, el que bailotea en su cabeza con mayor pertinacia. *Un negocio redondo*, como diría el inefable Alfredo Karim Yoma.

A poco de llegar a Italia había comprendido que interceder en la consecución de pensiones y jubilaciones para los millares de italianos residentes en la Argentina, además de resultar una tarea sencilla, había de traerle un inapreciable rédito político. Su estrategia fue admirable. A pesar de que la intromisión de un embajador en un asunto interno del Estado italiano sonaba a despropósito, logró persuadir a las autoridades del Instituto Nazionale di Previsione Sociale (INPS) de que su gestión, ad honorem, por cierto, fundada simplemente en su irreprochable amor hacia el género humano, comportaría un acercamiento de incalculable valía entre ambos países. El INPS, pues, puso a su disposición una computadora y las nóminas de todos aquellos ciudadanos radicados en la Argentina en condiciones de obtener el beneficio. Es decir, con suficiente antelación el gestor Ruckauf conocía nombre y apellido de la persona que sería agraciada. En Buenos Aires, tras un acuerdo con Alejandro Romay, consiguió un espacio televisivo en canal 9 donde periódicamente anunciaba las novedades y convocaba a los italianos a remitirle las solicitudes o bien presentarse en la oficina que había puesto a funcionar en el barrio de Flores, en el hogar, desde luego, de su padre, don Carlos Federico. Los cálculos que había hecho Ruckauf movían al sobresalto: más de 900 millones de dólares anuales podrían ingresar a la Argentina. El procedimiento era simple y gratuito: el interesado iniciaba el trámite presentándose en la oficina del barrio de Flores, o enviando la solicitud a la embajada argentina en Roma a través de una de las tantas y brillantes urnas de cristal que Romay había colocado en la entrada de su canal de televisión; los Ruckauf, pues se trataba de una *gestione familiare* en la que trabajaban Marisa, Guadalupe y Carlos Germán, derivaban el pedido al INPS que, oportunamente, hacía saber a la embajada que la pensión había sido concedida; el embajador, entonces, vestía los laureles y notificaba al interesado que, por fin, había obtenido el anhelado beneficio; Carlos Germán se ocupaba de enviar una carta a cada uno de los beneficiados recordándole, por supuesto, que el hacedor de su felicidad no había sido otro que el embajador Ruckauf. No infrecuentemente, llenos de gratitud, los nuevos pensionistas corrían a la oficina de Flores, se deshacían en lágrimas, besaban las manos de don Carlos Federico padre, querían saber de qué modo podían retribuir el gesto. No, por favor, les decían, no es nada, faltaba más, lo hacemos por amor, en todo caso, si le parece, una *modesta contribución* que nos ayude a continuar con esta misión humanitaria que a todos nosotros nos honra llevar adelante, porque hay papelerío y gastos de correo, pero no, no se le vaya a ocurrir, nada necesitamos, verlo radiante y satisfecho es el mejor pago que podemos recibir, aunque si le parece, en fin, porque además los llamados telefónicos a Italia, y el fax, pero mejor olvídelo. El monto de las pensiones habitualmente promediaba los 20 mil dólares a causa de la retroactividad. ¿Qué cantidad es capaz de donar un italiano entrado en años, agradecido hasta el empalagamiento, luego de haberse metido en el bolsillo un cheque de 20 mil dólares, cuando una semana atrás no tenía dinero suficiente siquiera para pagar el servicio de electricidad? Uno por ciento, dos por ciento. Lo que quiera, amigo, lo que desee, pero no vaya a creer que lo necesitamos...

El otorgamiento de pensiones durante la estadía de Ruckauf en Roma alcanzará un magnitud formidable: más de sesenta mil. Quizá convenga subrayar que el uno por ciento de 900 millones equivale a 9 millones.

Ajenos por completo a las continuas y secretas deliberaciones de los Braghieri y los Castiglione con Ruckauf, los Yoma y De Lorenzi, Torres y Serri proseguían, con denuedo, las gestiones. El 11 de mayo reciben con alegría el aval del Ministerio del Interior argentino. A través de una nota firmada por el director general de Contabilidad y Finanzas, Adalberto Luis Orbisso, el Ministerio comunica al Banco Hispano Americano que la garantía prometida por el Estado argentino, es decir, las reservas petroleras de la provincia de Formosa, es veraz y absolutamente confiable. Más adelante, respondiendo a una exigencia del banco español, que considera indispensable contar con el parecer legal de un estudio de prestigio en Buenos Aires, Torres somete el proyecto, los contratos y todas las garantías acordadas al análisis del Estudio Marval & O'Farrell. El informe, firmado por los doctores Antonio Boggiano y Miguel B. O'Farrell, es satisfactorio; el bufete avala por completo la operación y el Banco Hispano Americano paga la primera cuota, de 2.200.000 marcos. La empresa de Vittorio Serri, una firma de mediano porte, celebra el hecho y se hace cargo de todos los gastos de proyección, viajes, pago de profesionales, por un valor de 5 mil millones de liras.

Pero el contento que se apodera de Torres y Serri, quienes presumen que sólo restan contados pasos para concluir el trabajoso trámite, durará poco tiempo.

El 8 de junio Menem viaja a Milán con el propósito de asistir a la inauguración del campeonato mundial de fútbol. Tiene un brazo enyesado; un tropezón; los años. En el aeropuerto lo aguardaban Massimo Del Lago, De Lorenzi y el embajador Ruckauf, quienes de inmediato, sin brindarle tiempo siquiera para dialogar con los periodistas que allí se habían reunido, lo conducen a un helicóptero que minutos después se posará en la magnífica villa de los hermanos Braghieri, en Piacenza. En el almuerzo, más allá de los vaticinios y las ocurrencias acerca del desarrollo del campeonato mundial, Menem y Ruckauf aseguran a los Braghieri que CO.RI.MEC. podrá invertir en la Argentina sin problema alguno. La idea es la construcción de dos hoteles cuatro estrellas en el interior del país. ¿Es necesario gestionar un crédito? Hay uno en marcha. Al diablo las estaciones de GNC, por tanto. Los hermanos alzan sus copas. Por lo demás, le han reservado una gran sorpresa al Presidente argentino: una visita a la fábrica de automóviles Ferrari. Y allí va Menem, perseguido por la obsecuente sonrisa de Ruckauf, y, pese al brazo inmóvil, trepará a una Ferrari 348 TB Rossa Corsa y la conducirá a más de 200 kilómetros por hora. La misma Ferrari que meses más tarde, el 20 de noviembre de 1990, Ruckauf y los hermanos Franco y Giancarlo Castiglione estacionarán a las puertas de la Casa Rosada. ¿Por qué tamaña generosidad? "Se la hemos regalado simplemente por una razón de amistad", dirá Franco. "Su presidente es..., ¿cómo decirlo? Sociable. Molto simpatico..."

Menem jamás olvidaría la conducta de Ruckauf. Al fin de cuentas, el embajador no sólo había hecho las diligencias necesarias para la consecución del lujoso obsequio, también había tenido la cortesía de viajar en el mismo vuelo de Aerolíneas Argentinas en que fue trasladado el automóvil, custodiando continuamente la feliz llegada de la Ferrari a Buenos Aires.

La suerte de Torres y Serri ya estaba sellada. Los acontecimientos que definitivamente arruinarán el proyecto habrán de sucederse con notable celeridad. Ruckauf, por fin, le concede una entrevista al empresario parmesano. Lo recibe en su despacho de la embajada, en compañía del diligente De Lorenzi. Por un momento, Serri imagina que escuchará alguna felicitación, una voz de aliento. No. Muy otro es el motivo del encuentro. Con desembozo le anuncian que el proyecto de las estaciones de GNC ya no excita el interés de la Argentina; lo más apropiado es que venda su parte en el negocio a CO.RI.MEC., y a cambio de un precio que a Serri se le antoja humillante. El empresario se niega a viva voz; ha realizado una millonaria inversión, no puede aceptar la oferta. Ruckauf y De Lorenzi, pues, recurren a otra vía: si desea continuar con el proyecto, debe abonar el 5% del monto total de la operación. A Serri lo ataca la furia; no puede creer las palabras que está escuchando. Se marcha del lugar echando gritos y maldiciones. En tanto, el Estudio Marval & O'Farrell envía al Banco Hispano Americano un nuevo informe, con carácter urgente, en el que asevera que su parecer anterior, favorable al crédito, ha sido un lamentable error que mucho lamenta. La curiosa retractación lleva sólo la firma del doctor Miguel B. O'Farrell. El inesperado cambio de opinión causa el asombro del codirector del banco español, Giorgio Solighetto: telefonea al bufete; habla con Boggiano, quien dice desconocer el último memorándum y le reafirma la validez del primer informe. Una semana después Boggiano se alejaría del Estudio. Por esos días, el director del Banco Hispano Americano, Ignacio Benavides Castro, vende los papeles del contrato de la empresa MAT a CO.RI.MEC., y, cuando Solighetto le advierte que tornará pública la maniobra, Benavides lo despide sin rodeos. El Ministerio del Interior argentino entra de inmediato en escena, y a través del decreto nº 345 desconoce la validez de la garantía oportunamente emitida por su director general de Contabilidad y Finanzas.

El emprendimiento que Serri y Torres habían iniciado en septiembre de 1988 se había derrumbado. Pero la desprolijidad de la solícita y ávida asociación de funcionarios argentinos y empresarios italianos que había llevado a cabo el desvío del crédito sería mayúscula, diríase que fantástica. El 3 de octubre de 1990, Torres y el vicepresidente de AMCTA, Alberto Aizpurú, reciben en su oficina el fax nº 817/90, procedente de la sede Milán del Banco Hispano Americano: "GARANTÍA. El Garante otorga su garantía a un préstamo de importe máximo de principal de 89.000.000 dólares, concedido por un grupo de bancos (...) firmado entre la Kolding S.A. Buenos Aires (...) para la construcción llave en mano de dos hoteles cinco estrellas suministrados por la CO.RI.MEC. ITALIANA SpA, Viale Restelli 4, 20124 Milán, Italia". Minutos más tarde, Torres y Aizpurú, no sin estupor, ven que su aparato comienza a soltar otro fax del banco español: "Les rogamos encarecidamente no ha-   gan uso de la información, que debido a un lamentable error por nuestra parte figura en la página

92

transmitida anteriormente". Y entonces Torres largará la broma: "Nos afanaron el crédito, pero al menos tienen la decencia de avi-sarnos".

El paso de Ruckauf por Roma, sin duda alguna inolvidable para muchos, dejó numerosas y profundas huellas. En Italia y, desde luego, en la Argentina. En febrero de 1991 los tribunales italianos decretaron la quiebra de la empresa MAT. "Ruckauf armó todo", me dirá Vittorio Serri, con tono quejumbroso, en mayo de 2000. "Él nos vendió a la competencia. Ese hombre no tiene dignidad. Sabe perfectamente todo el mal que nos produjo, a mí y a mí familia".

Tras iniciar una demanda contra los hermanos Emir, Karim y Omar Yoma ante el juzgado del doctor Martín Irurzun, en las últimas semanas de 1992, el apoderado de AMCTA, Darwin Armando Torres, comenzará a recibir continuas amenazas telefónicas que lo moverán a andar por la vida con un revólver a la cintura. El director general de Contabilidad y Finanzas del Ministerio del Interior, Adalberto Luis Orbisso, otro de los testigos de la maniobra, será despedido sin causa. Giorgio Solighetto será víctima de decenas de amenazas de muerte —muchas de ellas efectuadas por personas de indisimulable timbre sudamericano—, que le ocasionarán una trombosis cerebral que por largo tiempo lo mantendrá postrado.

En los tribunales de Italia y Argentina quedarán asentados, entre otros, los siguientes juicios:

• Serri (MAT SpA) c/República Argentina y Banco Hispano Americano, solidariamente, por daños (inducir a la quiebra) y maniobras de corrupción, por un monto de U$S 100 millones (1995).

• Dr. Giorgio Solighetto c/ República Argentina y Banco Hispano Americano, solidariamente, por daños y perjuicios ocasionados por su desvinculación del Banco a raíz de las maniobras tendientes a la quiebra de MAT, por un monto de 30 millones de Euros (aproximadamente U\$S 45 millones), en Milán (20/7/99).

• Darwin Armando Torres y Adalberto Luis Orbisso contra Banco Central Hispano Americano, Capital Federal, 28 de abril de 1997.

La maniobra narrada en este capítulo, por lo demás, dará origen a dos detallados pedidos de informes en la Cámara de Diputados de la Nación Argentina, impulsados por los legisladores Juan Pablo Baylac, Horacio Jaunarena, Silvia Vázquez, Víctor Bisciotti y Walter Ceballos, entre otros, el 11 de diciembre de 1991 y el 10 de abril de 1996. Y, a mediados de 1999, la diputada nacional Nilda Garré presentará una denuncia en la denominada Oficina Anticorrupción.

De todas las demandas judiciales, sin embargo, es la promovida por Solighetto en la ciudad de Milán la que de modo más crudo ha sabido resumir y describir el patetismo que impera en buena parte de la dirigencia política argentina. No ya por la minuciosidad de su relato, también, y en particular, a causa de la reflexión que formula en uno de los últimos pasajes del escrito: "El señor Benavides me dijo muchas veces que el presidente Menem y su gobierno, además del mismo Parlamento, eran una masa de corruptos y que los titulares de la CO.RI.MEC. en Argentina habían contribuido a corromper funcionarios de Gobierno. A su entender, la prueba irrefutable era la Ferrari regalada al presidente Menem. Además, Benavides me dijo que vivió en Argentina, y que el pueblo argentino tiene la corrupción en la sangre".

Palabras a las que Bruno Lavezzari, amigo de Andreotti y de los jerarcas menemistas, proporcionó forma y dimensión en su declaración en el juicio delle Mani Pulite, ante la

Justicia italiana. Las tangentes rioplatenses, dijo, se habrían pagado con joyas, dinero en efectivo y bienes inmuebles en la costa amalfitana.

5

Se vienen tiempos muy divertidos.

CARLOS FEDERICO RUCKAUF, 25 de mayo de 1993.

Ahora no está en un despacho, tampoco en su casa de Nicasio Oroño, a poco de recibir un llamado fatídico, y mucho menos entregado a tortuosas cavilaciones en un bar de Piazza Navona. Son las siete y media de la mañana del día 25 de agosto de 1993 y lo tengo mi lado. Me contempla con un dejo de conmiseración. Yo estoy postrado en una cama y él sentado en una silla. Su carne exhala un perfume dulzón, rara mezcolanza de lavanda y pinos; el traje, lustroso gris perla, le brinda un aspecto majestuoso. La habitación del sanatorio huele a antisépticos y almidón. En las paredes hay una fría colección de naturalezas muertas, tono pastel; decoración ideal para mitigar el sufrimiento de cualquier tipo maltrecho y hacerle pensar que la vida es llevadera aunque los riñones lancen bufidos y la cara parezca un globo a punto de estallar. Hay también una serie de raros aparatos con mangueritas transparentes y un tablero repleto de botones. Por allí, junto al ventanal de la habitación del Sanatorio Ottamendi, conversando con otros colegas de *Página/12*, veo al director del diario, Jorge Lanata. El ministro Ruckauf ha puesto una mano sobre mi antebrazo. La noche anterior, luego de que Gustavo Beliz abandonara el cargo al grito de *¡estoy sentado sobre un nido de víboras!*, Ruckauf lo había sustituido como ministro de Interior del gobierno de Carlos Menem. Horas más tarde, ya madrugada, al cabo de un largo día de trabajo en el diario, en el umbral de mi casa dos hombres me habían golpeado, amenazado y abierto una herida en el pómulo derecho con una navaja. En los últimos días no había cometido otro delito que escribir un par de artículos acerca del reclutamiento de patotas políticas en el Mercado Central, financiadas por la Liga Federal de Alberto Pierri y Eduardo Duhalde.

Estar a mi lado tomando té y comiendo medialunas, que con prontitud había pedido a la enfermera cuando puso los pies en la habitación, es el primer acto oficial de Ruckauf como ministro. Quiere saber qué me ocurrió. Le refiero, con desgano, mis últimos pasos nocturnos; la caminata desde *Página/12* hasta mi casa, primero por la avenida Belgrano hasta la 9 de Julio, después por San Juan hasta Entre Ríos. Y la escena de la agresión. "Esto, Hernán, no va a quedar impune", dice el ministro con voz untuosa. "Yo les puedo asegurar a todos los que están acá", ha dirigido una mirada abarcadora al público, "que vamos a investigar este hecho hasta las últimas consecuencias". "Eso lo escuchamos muchas veces", dice Lanata. "Sí, es verdad", dice el ministro. "Pero ahora la investigación se va a realizar en serio, y si en el camino descubrimos que hay gente del oficialismo metida en esta agresión, no vamos a parar". Entonces mojará la punta de una medialuna en el té y se la llevará a la boca; la morderá con fruición y se pondrá a masticarla con los aires del que anda metido en las espesuras de alguna inteligente reflexión. "Si no descubro la verdad, bueno, renunciaré".

Una vez que hubo tomado su té y comido las medialunas, el ministro posó para un fotógrafo que había logrado eludir la guardia, saludó cortésmente y se marchó.

Había regresado a Buenos Aires a mediados de 1991 con el fin de postularse como candidato a diputado nacional en las elecciones de ese año. La estadía en Italia había obrado en él visibles cambios. Podía percibirse en el discreto corte de los trajes, en las decenas de corbatas de seda y de calzados de línea europea que había traído consigo. Podía apreciarse, especialmente, en sus modos, cargados ahora de una afectación entre altanera y seductora, propia del italiano pícaro y advenedizo. Lejos habían quedado los tiempos del estudiante universitario que solía cocinar arroz con manteca para los compañeros de estudio; muy distantes los abrazos con el viejo José Gennaro Báez, y la UOM y las charlas con Lorenzo Miguel y el favor de Massera y el presunto afán de renovación justicialista. Ahora, tipos como el *Gaucho* Onetto y el *Negro Hacha* eran peligrosos primates cuya cercanía era imprescindible evitar. Los hombres que rodeaban a Giulio Andreotti y a Silvio Berlusconi no tenían ese aspecto. El ex suboficial Ramón Ramírez, en cambio, tuvo la buena fortuna de continuar a su lado. Es que Ruckauf siempre ha experimentado una singular debilidad por los custodios. Jamás ha podido sentirse a salvo si a sus espaldas no hay un hombre dedicado por completo a protegerlo. De algo. De algo que sólo él sabe.

Aleccionado por la experiencia absorbida en Italia, de inmediato se ocupó en procurarle empleo a la familia. Con el dinero que había logrado ahorrar en Roma le obsequió una fábrica de pastas a Carlos Germán, en un local lindero al domicilio de su padre, en Flores. Luego, en compañía de Marisa, concurrió al despacho del ministro de Justicia, León Carlos Arslanian. En la reunión también estaba Daniel Osvaldo Castruccio, secretario de Justicia. Sin rodeos, Ruckauf pidió al ministro que hiciera algo para designar a su mujer miembro de la Cámara Nacional de Apelaciones del Trabajo de la Capital Federal. Creo que se lo merece, dijo; tiene vasta experiencia, fiscal en 1975, jueza desde 1984, autora de numerosos ensayos. "Me parece, querido León, que méritos le sobran". Arslanian lo escuchó en silencio. Después no pudo contener la carcajada. Una carcajada muy armenia. Sonora, a la manera de una escupida. Con aspereza le recordó a Ruckauf que Marisa regresaba tras una licencia de un año y medio, ausencia que había transformado el juzgado en un caos. "Disculpame, pero tu pedido me parece poco ético. Estás en pedo", respondió Arslanian. Y a continuación añadió: "Si solamente querías verme para esto, te ruego me disculpes pero debo atender asuntos más serios".

Un desaire que Ruckauf nunca jamás había de perdonarle (no obstante, en 1994, con la llegada de Jorge Maiorano al Ministerio de Justicia, la señora Zapatero alcanzaría su propósito sin la necesidad de recurrir siquiera a una reunión: un simple llamado telefónico fue suficiente).

En la reivindicación de los derechos de los jubilados fundó su campaña política. Los convocaba y reunía en plazoletas, en los salones de algún club de barrio, les ofrecía coca-cola y sandwichitos de jamón y queso, los incitaba a bailar al son de las músicas de Xuxa y de los acordes que soltaba la Banda Típica de Villa Lugano, y, con prepotencia, prometía: "¡Cuando sea diputado pediré la pena de prisión no excarcelable como mecanismo del Código Procesal Penal para los grandes evasores previsionales y funcionarios públicos que desvían fondos de los jubilados!" Venció, asumió, se hizo cargo de la Comisión de Relaciones Exteriores y Culto. El pesar que le causaba la miserable situación de los jubilados se deshizo prontamente, y un día, después de la votación de la ley de Combustibles, tuvo la deferencia de recordarle al diputado justicialista Fernando Pascual Gan que debía pasar por su despacho a buscar el *sobre corres-*

100

pondiente. El diputado entrerriano, un médico de buena reputación y escasa experiencia política, no entendía. "¿Vivís en la tierra o en la estratósfera?", le dijo Ruckauf empleando un tono ofensivo. "¿No sabés que después de la aprobación de leyes como éstas hay un sobre y que tenés que ir a buscarlo, porque de lo contrario va a quedar para el que lo está distribuyendo?"

Su adaptación al nuevo y elevado ambiente político que Menem había inaugurado, en fin, fue inmediata.

Época, para Ruckauf, repleta de alegrías y pasión. En el verano de 1993, en tanto se reponía de la fatiga en las playas de Villa Gesell, tiene la dicha de conocer a Margarita *Maggie* Las Heras. Una mujer de treinta y seis años, ex modelo, pocos huesos pero buenas carnes, de rostro alargado, sonrisa abierta y pelo lacio entintado de color rubio con claroscuros. En su libro *La Argentina embrujada*, Viviana Gorbato transcribe el testimonio de una conocida de *Maggie* acerca del encuentro: "Yo estaba con ella cuando se lo levantó. Caminábamos por la orilla del mar cuando lo vimos sentado bajo su sombrilla tomando una coca. Como yo estaba todo el tiempo con *Maggie*, sé también que él la llamó, la pasó a buscar y la llevó a comer. Después se convirtió en su amante". Y, meses más tarde, cabe añadir, en dilecta asistente de Ruckauf en el área de Prensa del Ministerio del Interior. *Maggie*, mujer que solía hacer hincapié en una directa e indiscutible ligazón familiar con el general Juan Gregorio Las Heras, no se había aproximado a Ruckauf excitada simplemente por el deseo o una súbita atracción. Seducir a ese hombre no había sido más que una misión que su alma le había encomendado, de pronto, al verlo. Y debía cumplirla a rajatabla. Una misión filosófica, espiritual, metafísica, o como quiera llamársela. Ruckauf era un notorio miembro del poder político, y hacia allí todas las alumnas de la Escuela de Yoga de Buenos Aires, donde la pariente del general gastaba buena parte de su vida, debían dirigir la mirada. Decir, por tanto, como dice la testigo del primer encuentro, que Maggie *se lo levantó*, suena a insolencia. *Maggie lo geishó*. El *geisheo* era una práctica común y ordinaria que todas las alumnas de la Escuela llevaban adelante bajo los influjos del gran maestro Juan Percowicz, fundador de la estrambótica institución. Consistía en el encantamiento de personajes poderosos —del mundo de la política, del sindicalismo, de la industria—, a través de la seducción, del despertar de la concupiscencia, de una prosaica adulación. Y de buen grado Ruckauf se entregó. Con el mismo contento e intensidad con que lo harían posteriormente, entre otros, el dirigente sindical Oscar Lescano y el ex árbitro de fútbol y funcionario del Ministerio de Trabajo, Guillermo Marconi.

La Escuela había iniciado sus actividades en la primera mitad de la década del 80 al amparo de una engañosa declaración de principios cuyo último párrafo a muchas personas entusiasmó: "En nuestro país el estudio y la práctica de ideas filosóficas han decaído en forma alarmante en las últimas décadas, y esta falencia es fuente de desencuentros, de un sinfín de angustias existenciales que afectan el bienestar y la salud de nuestra población y el cumplimiento de la grandeza del destino de nuestro país". Percowicz no hubo de esperar mucho tiempo la afluencia de alumnos. Gentes de toda naturaleza comenzaron a inscribirse: insatisfechas esposas de militares, familias enteras que allí buscaban recreo existencial, mujeres de tranco displicente, jóvenes de futuro incierto, profesionales de vida opacada a raíz de desarreglos económicos, y dirigentes políticos y empresarios que habían hallado en ese sitio, en la casona de la avenida Estado de Israel 4457, una suerte de acolchado paraíso en el que desahogar sus penurias amorosas y sexuales. Es que *el estudio y la práctica de ideas filosóficas* no parecía ser el humus que alimentaba las actividades de la Escuela, y menos aún los pensamientos de Percowicz. El gran maestro era un hombre de temperamento fuerte y discurso retórico y penetrante que en los incautos causaba una irresistible compulsión a someterse a sus caprichos. Aunque estos antojos fueran, a primera vista, dignos de reparo. Debemos evolucionar psicológicamente, decía el maestro con aires de criatura supradimensional; debemos despojarnos de estúpidos prejuicios y, a través del conocimiento de nuestro cuerpo y del sabio empleo de la profusa energía que llevamos en su interior, evolucionaremos, creceremos, experimentaremos, en fin, el sublime contacto con la liberación última y total. "Hay que librarse del *yo* bajo y egoísta", repetía y, al parecer para lograrlo menester era librarse primero de las ropas. Así las cosas, con el noble propósito de alcanzar semejante estado de pureza espiritual el gran maestro inducía a sus alumnos a mantener relaciones sexuales en grupo; a los padres les sugería iniciar sexualmente a sus hijos; a los jóvenes que padecían una situación familiar embrollada les aconsejaba mandarse mudar del hogar, tomar sus petates e instalarse en la paradisíaca Escuela; a los matrimonios les explicaba que los celos constituían una grave dolencia que entorpecía la evolución, de modo que debían arrancárselos de cuajo intercambiando parejas, observándose mutuamente cómo hacían el amor con otras personas, primero de a dos, después evolucionando hacia cuatro, hacia seis, todos entreverados y dichosos hasta sentir el favor de una luz blanca y sagrada que enceguece. La liberación del alma mediante la cachondez y la promiscuidad. El gran Percowicz profesaba una singular inclinación por la contemplación de relaciones lésbicas. El fiel cumplimiento de las tareas encomendadas y el aporte de buenos fajos de bi-

103

lletes obtenían como retribución el inmediato ascenso en la jerarquía. En más de una oportunidad, presas de la enajenación, algunos alumnos llegaban a ceder parte de sus bienes al gran maestro. Existían también los *esclavos*, cuya misión no era otra que responder a las órdenes del instructor durante las veinticuatro horas del día. Pese a que los alumnos pagaban una cuota mensual que promediaba los mil dólares, no infrecuentemente las mujeres eran incitadas por el maestro a ejercer la prostitución en el barrio de la Recoleta con el fin de cosechar dinero para sostener y engrandecer el funcionamiento de la escuela.

Además de la casona en la avenida Estado de Israel y un local en San Telmo, la Escuela poseía un Centro en Villa Gesell, ciudad que Percowicz consideraba cargada de una fuerza energética inigualable. Aquí el responsable era un tal Rubén Baldoni, ex militante de la agrupación peronista de derecha Guardia de Hierro y ex ejecutivo de Anssal, a quien Percowicz había sumado a su rebaño echando mando de un argumento francamente persuasivo: "Si seguís mis enseñanzas, podrás llegar a presidente de la Nación". Baldoni, pues, no lo pensó dos veces. El maestro le encargó la creación de una suerte de departamento de Ciencias Políticas. El quehacer de Baldoni no estribaba, claro está, en la realización de mesas redondas acerca de los prolegómenos del Estado, el desvanecimiento de las ideologías o la evolución de los sistemas políticos a lo largo de la historia de la humanidad. No. Su tarea era menos dialéctica: instruía a las *geishas* de la Escuela. Buen conocedor del ambiente político, en particular del peronismo, indicaba a las alumnas cómo y a quién debían *geishar*.

A partir del meticuloso trabajo que realizaban las *geishas* de Percowicz, las charlas y conferencias que organizaba la Escuela solían contar con el impensado sostén de organismos, instituciones y personas célebres: la representación de la Secretaría General de la Organización de Estados Americanos en Buenos Aires; el presidente Carlos Menem; el Ministerio de Cultura y Educación; la Municipalidad de la Ciudad de Buenos Aires; la Secretaría de Programación para la Prevención de la Drogadicción y Lucha contra el Narcotráfico; el obispado de Morón; la dirección de la Biblioteca Nacional; el Comité Nacional de la UCR; la Cámara de Comercio Argentino-Uruguaya; el senador Deolindo Felipe Bittel; el intendente de 3 de Febrero, Hugo Omar Curto; la Confederación General del Trabajo.

Presuntos encuentros filosóficos cuyos rasgos más distintivos no eran la hondura del pensamiento o la búsqueda de la sabiduría. En otro pasaje de su libro, Gorbato refiere la experiencia vivida por Julio Bárbaro, ex secretario de Cultura de la Nación: "Bárbaro recuerda haber huido impresionado de una conferencia en la que, mientras el maestro se explayaba en temas filosóficos, una alumna directamente se masturbaba con la mano del gurú pasándola sobre su cuerpo: 'Cuando ella llegó al orgasmo, él le puso el micrófono en la boca para que se oyeran sus gemidos. Esto ante doscientas cincuenta personas'".

De la mano de *Maggie*, Ruckauf ofreció un par de disertaciones en la sede de la Escuela y, en más de una oportunidad, gestionó el auspicio oficial de diversas actividades. Su incursión por el excelso mundo de la ilustración y la filosofía ha quedado grabada en una de las paredes del salón principal de la casona: un retrato de su carasonrisa, a lápiz, obra de la artista plástica Soledad Pérez, discípula, desde luego, del gran Percowicz.

En el ánimo del ministro impera el sosiego. Más allá de la juiciosa y continua asistencia que le obsequia *Maggie*, ha conseguido recobrar los inapreciables oficios de Graciela

Finauri. Bien puede, por tanto, reclinarse en el sillón, las manos anudadas sosteniendo la nuca, y examinar con detenimiento la superficie del cielo raso mientras se entrega a los ejercicios de control mental que Sara, la mujer del embajador argentino en Suiza, Juan Carlos Sánchez Arnaud, ha sabido enseñarle en Roma: es necesario comenzar por los pies, concentrarse en ellos hasta lograr su levedad, su inexistencia, su separación del cuerpo; a continuación, los tobillos, luego las rodillas y así, absorto en ese paulatino desmembramiento, proseguir hasta que el cuerpo y el cerebro adquieran el garbo de un fantoche. Graciela Finauri, entretanto, dirige la Secretaría Privada, coordina el área de Ceremonial, redacta informes, pasa la vista por documentos oficiales, sugiere la firma de unos y el desprecio de otros; se desembaraza de la gente molesta, como lo hacía con el infortunado Vittorio Serri; maneja la agenda, y con valentía y resignación tolera la agria petulancia de Marisa, que de sopetón acostumbra irrumpir en la oficina, y maldiciendo en voz baja la permanencia de *Maggie* en el Ministerio acostumbra marcharse. Por lo demás, el ministro tiene a sus amigos Fernando Wenceslao Maurette y Ricardo Francisco Rapetti a un palmo de su alcance. Uno, secretario de Coordinación; el otro, secretario general del Ministerio. Al incondicional *Petiso* Muffatti, obediente camarada que lleva a cuestas desde los tiempos del Sindicato del Seguro, lo ha premiado con el cargo de subsecretario de Evaluación de Políticas, un puesto cuya sola enunciación torna inconducente cualquier análisis. Con todo, es Hugo Franco el hombre en que ha depositado toda su confianza. La experiencia de Franco lo ha cautivado: compinche de Alberto Pierri, de Yabrán y del almirante Massera; apodado *Dibujante* pues en la Escuela de Mecánica de la Armada (ESMA), sitio que tenía el hábito de frecuentar cuando en su interior cientos de personas eran torturadas y asesinadas, se ocupaba de

106

dibujar las fantasmagóricas empresas donde Massera invertía sus dineros; íntimo amigo, detalle éste que al devoto Ruckauf llena de orgullo, del arzobispo de Córdoba, monseñor Raúl Primatesta. En el edificio de la Fundación del Obispado de Córdoba, situado en Venezuela y Entre Ríos, atiende Franco sus negocios. También, como director, ha sido uno de los hacedores del desguace de SOMISA. Franco, en suma, el hombre ideal para conducir la Subsecretaría de Seguridad Interior, es decir, la relación del Ministerio con la Policía Federal y los organismos de Inteligencia. Hacia la cima del poder, en cambio, hacia el solio que ocupa Menem, el ministro ha descubierto en Eduardo Bauzá un solícito y afable puente; el secretario general de la Presidencia lo trata con respeto y cortesía. Pero será Esteban Juan *Cacho* Caselli, mano derecha de Bauzá, quien habrá de excitar en Ruckauf un espontáneo afecto. "Con *Cacho* se armó toda una relación de trabajo conjunta", me dice. "Nos hicimos amigos, funcionábamos muy bien. Porque, de hecho, en el esquema que armó Bauzá, *Cacho* era el duro y yo era el negociador". Ruckauf, en realidad, tras dos almuerzos con Caselli, se encontró súbitamente de cara a un espejo. Ambos tenían la misma edad; ambos habían militado en Acción Católica; ambos habían trabajado para la UOM. Y, por sobre todas las cosas, los dos tenían un buen amigo en común: Alfredo Yabrán. Una relación que había de adquirir mayor magnitud con el pasar del tiempo.

En la habitación del sanatorio el ministro había prometido impulsar la investigación hasta las últimas consecuencias. Y lo hará, aunque de modo atolondrado, por momentos hilarante. Una semana después de la agresión llama por teléfono a *Página/12* y, fuera de sí, exultante, le informa a Lanata: "Hemos detenido a los agresores". La eficiencia del

107

ministro ha sido asombrosa; ha necesitado poco menos de una semana para resolver un caso de violencia política que, en la sociedad no hay quien abrigue dudas, involucra a Pierri, presidente de la Cámara de Diputados de la Nación, y a Eduardo Duhalde, gobernador de la provincia de Buenos Aires. Las agencias de noticias esparcen la novedad por todos los medios de comunicación. Los agresores, al decir de Ruckauf, son Gustavo Cáceres y Luis Martínez; dos jóvenes, asegura el ministro, con probados vínculos con los changarines del Mercado Central y con el grupo de la derecha peronista Comando de Organización; han sido apresados cuando muy alegremente se encaminaban hacia el estadio de River Plate para asistir al partido Argentina-Paraguay. Entre sus ropas la policía ha encontrado una manopla, una sevillana y un croquis donde, con una desmesurada cruz roja, está señalado mi domicilio. Pero la chaplinesca maniobra del ministro habrá de hacerse añicos de inmediato. En rueda de presos no reconoceré a ninguno. La única filiación que la Justicia descubrirá, y que une a ambos, es un idéntico fanatismo por River Plate; de sus probados vínculos con el Mercado Central y el Comando de Organización ni siquiera un eslabón se hallará. Los jóvenes serán liberados días después y denunciarán haber sido víctimas de malos tratos y de una ingenua y desprolija invención de pruebas. Un testigo de la detención se presentará ante la jueza María Laura Garrigós de Rébori y relatará: "Yo iba para la cancha cuando vi ese tumulto de gente. Había un patrullero, unos policías. Y bueno, ahí, cuando me acerqué un poco, vino un policía, me agarró del brazo y me dijo que tenía que ser testigo de un procedimiento muy importante que estaban realizando. Ahí vi entonces que había dos muchachos contra la pared rodeados por un montón de policías. Había tantos canas que apenas si daba para verle la nuca a los pibes. Eso sí, pude ver que los dos tenían el pelo largo, pero de la cara nada, y del cuerpo menos. La cuestión es que el policía me dijo que me iban a mostrar unos elementos que yo iba a tener que reconocer. Entonces los policías se apretaron más contra los pibes, y el que me había agarrado del brazo, dándome la espalda, empezó a sacar uno por uno esos elementos que usted tiene ahí, la manopla, la sevillana y el plano. Le puedo asegurar que estaban sacando las cosas de los bolsillos de alguno de los policías. A mí me dieron un papel escrito a mano donde no se podía entender nada de lo que decía. El policía me lo puso en la cara y me dijo que tenía que firmar abajo. Y firmé, claro. ¿Qué podía hacer? ¡Ya me habían dejado sin ver el partido, y encima no les iba a dar el gusto de que me metieran en cana! ¿Sabe cuánto tiempo estuve guardando plata para la entrada? Pero el papel que llevaron a mi casa a la noche era más legible. A eso de las once de la noche apareció un policía en mi casa con un acta escrita a máquina. Ahí algo se entendía. Era gracioso. Porque eran las once de la noche y en el acta decía: estamos en blablabla y son las doce del mediodía. Volví a firmar. Al que no le entendía mucho era al policía. Era tartamudo".

La ficción que había urdido el ministro se desmorona sin remedio y de manera ruidosa. Ningún funcionario policial será sancionado y, ante la denuncia por apremios ilegales hecha por Cáceres y Martínez, el ministro dirá: "Soy abogado y eso es lo que suelen decir todos los presos". Abogado, desde luego, pero del fuero laboral, ámbito, es dable presumir, donde la policía no suele torturar o golpear gente con el fin de obligarla a hacerse cargo de un delito que no ha cometido. La extremada impericia del ministro mueve al presidente Menem a designar un procurador especial y apartar a Ruckauf de la investigación. No por eso el ministro caerá en el desaliento. Todavía le resta mucho por hacer.

A mediados de octubre soltará un resuello de felicidad: la Corte Suprema de Justicia ha decidido indemnizarlo por "los daños y perjuicios" que padeció durante la dictadura militar. Ciento sesenta y nueve mil dólares. Una demanda contra el Estado que Ruckauf había promovido en 1984. El ministro no elude micrófonos y cámaras. Por todas partes explica que la dictadura le arruinó la vida; Marisa y yo no pudimos ejercer nuestra profesión; me allanaron la casa, el estudio jurídico; viví prófugo, perseguido y oculto como una rata hasta el final de la dictadura; considero que merecía una compensación; la mitad del dinero la donaré a la Fundación Centro de Estudios y Ayuda a la Tercera Edad, a la que pertenezco, y el resto será para mis hijos.

(La entrevista con el gobernador, esta mañana de mayo del año 2000, está llegando a su fin. Le pregunto cómo hizo para vivir bajo la dictadura. Dice: "Gracias a Marisa. Ella tenía un estudio. A ella nunca le prohibieron trabajar, gracias a Dios. Ella era fiscal, y con el golpe la echaron. Después, Alfonsín, cuando asumió, la reincorporó, en un acto que siempre le voy a agradecer. Así que ella siguió trabajando todos esos años. Yo siempre digo que he logrado el sueño de todo hombre, que es que lo mantenga una mujer".)

De pronto, Carlos Germán le hace saber a su padre que la fábrica de pastas, a pesar de la buena calidad de los sorrentinos y los canelones, debe cerrar. Resulta imposible sortear la quiebra. El ministro le encomienda a su guardaespaldas privado, Ramón Ramírez, vender el local. En aquellos días, el ex suboficial no será otra cosa que un activo y regatón intermediario en la compraventa de bienes del ministro. "Yo le vendí y le compré varias cosas", recuerda Ramírez. "Cuando vinieron las 4×4 de Rusia, los Lara, justo Miguel Ángel Toma había comprado una. Y Ruckauf no quiso quedarse atrás. Yo fui a averiguarle a Alberti y Chiclana, donde había una casa Suzuki. Salía dóce mil pesos. Yo les dije que era para el ministro Ruckauf, esas cosas, y me la dejaron a 11.400, patentada y con seguro. Fuimos con Germán y la retiramos. Después me dio un Renault 12, usado, y quería sacar 12.000 pesos por el usado. Tardé, pero se lo vendí a nueve mil".

Una vez que hubo superado el febril período de números, inversiones y compraventas, Ruckauf cree oportuno dedicarse a su empleo, es decir, ejercer el cargo de ministro de Interior. Haciendo gala de una profunda ojeriza hacia los inmigrantes de procedencia latinoamericana, pide la expulsión inmediata de todos aquellos que carecen de documentación valedera. "Argentina es el país del éxito", razona, "y en consecuencia todos quieren venir a vivir acá. Europa se dio cuenta tarde, y ahora sufre las consecuencias". Tras el violento estallido social en Santiago del Estero, donde la policía del ministro reprimirá sin piedad a los trabajadores insatisfechos que habían colmado las calles, atribuirá el malestar al concienzudo trabajo ideológico de *elementos de Sendero Luminoso* en la región. Enseguida, apremiado por los informes de Inteligencia que Franco le hace llegar, enviará gendarmes a Tierra del Fuego, a Jujuy, con el objetivo de amedrentar a esos revoltosos que tienen el atrevimiento de oponerse a un impío modelo económico que sólo engendra desocupación y decadencia. Es ministro de Interior, por lo tanto conoce sobradamente la capacidad de las fuerzas de seguridad que dirige. Y la Policía Federal, al parecer, no le infunde confianza, pues en las últimas semanas de 1993 contrata los servicios de la agencia privada Guns para que se haga cargo de la seguridad interna del Ministerio. Más allá del ridículo que comporta el hecho de apoyar en manos privadas la seguridad del Ministerio del Interior, Ruckauf no repara en un curioso detalle: el propietario de Guns es el

111

comisario Guillermo Armentano, jefe del cuerpo de custodios del presidente Menem. Imposible suponer que todo responde a la mera casualidad, pues el ministro ha escogido esa empresa entre las ochocientas que en la Capital Federal prestan idénticos servicios, y lo ha hecho de modo directo, es decir, obviando un llamado a licitación. Por lo demás, el decreto 1172/88 es inequívoco: "Se prohíbe la vinculación del personal en actividad de las Fuerzas Armadas, de Seguridad, instituciones policiales, penitenciarias o que revisten en la administración pública nacional, provincial o municipal", con agencias privadas de seguridad. Con extraordinaria franqueza, Armentano dirá: "Yo sé que no puedo tener una agencia, pero usted comprenderá que con 1.400 pesos por mes nadie puede vivir". Y el ministro argüirá: "Se me pasó por alto, porque la cantidad de cosas que pasan por esta estructura es terrible. Atiendo más de veinte personas por día, trabajo doce horas y tengo que firmar alrededor de cincuenta o sesenta expedientes que me los tienen que explicar". Por alto, sin embargo, no habrá de pasarle el alboroto que aflora en la Escuela de Yoga. El día 13 de diciembre, Rodolfo Martín Sommariva denuncia ante la División Seguridad Personal de la Policía Federal que su hija, María Valeria, luego de haber ingresado en la Escuela, comenzó a tener un comportamiento esquivo y sumamente arisco; abandonó los estudios; retiró después sus pertenencias del hogar y en la Escuela se instaló. "Es muy probable que esté reducida a servidumbre y ejerciendo la prostitución para solventar económicamente a la secta", denuncia el padre. El pánico se apodera de Ruckauf. La Escuela, *Maggie*, la buena correspondencia con Baldoni y el gran maestro Percowicz. Son demasiadas las voces que pueden concitar la atención hacia él. La investigación recae en el juzgado del doctor Mariano Bergez. El ministro ordena a Franco que le comunique cada uno de los movimientos de la policía y el juez. Enterado de que se llevará a cabo un allanamiento en la casa de un conocido suyo, miembro de la Escuela, envía a *Maggie* al sitio. Está ávido de información. Y *Maggie*, muy probablemente sin caer en la cuenta de que está cometiendo un reprochable acto de intromisión, se dirigirá hacia el domicilio, garbosa y atrevida se abrirá paso entre el gentío, y le anunciará al juez: "Soy la secretaria de Ruckauf. El ministro necesita saber qué está ocurriendo aquí".

Será el inicio de una larga y trabajosa investigación judicial, que comprenderá más de trescientos allanamientos; Bergez abandonará el caso alegando ser víctima de *brujerías*, y el juez Roberto Murature lo sustituirá. En los cientos de folios que el juez llenará con los dichos de decenas de testigos, el nombre del ministro aparecerá una y otra vez, continuamente enlazado al de *Maggie*.

6

Morimos de enfermedades, de accidentes, de casualidades. Y ahora moriremos también porque estamos ciegos, quiero decir que moriremos de ceguera y cáncer, de ceguera y tuberculosis, de ceguera y sida, de ceguera e infarto, las enfermedades podrán ser diferentes de persona a persona, pero lo que verdaderamente nos está matando ahora es la ceguera...

JOSÉ SARAMAGO. *Ensayo sobre la ceguera.*

El menemismo saboreaba sus días más esplendorosos. Menem, un hombre seductor y dicharachero, afecto al discurso populista y a la humorada, en cuatro años de gestión había hecho a un lado todo principio y cautivado por igual a militares golpistas, empresarios con alma de mercachifles foráneos, agrietados militantes montoneros y paquetas señoras de Barrio Norte; a su gobierno había incorporado a los sectores más conservadores y reaccionarios de la política argentina; en un abrazo espasmódico había fundido su cuerpo con el del almirante Isaac Rojas, acaso el más emblemático de los enemigos del peronismo histórico que Menem decía personificar; había condecorado a Augusto Pinochet y a boca de jarro reivindicado la masacre cometida por las Juntas Militares argentinas. Había recibido el aplauso de José Alfredo Martínez de Hoz, las congratulaciones de Juan Alemann, y en vano procurado fortuna en los economistas de Bunge y Born. Por fin, había resuelto dejar en manos de Domingo Cavallo el Ministerio de Economía. Dicho de otro modo: en los pareceres de tres de los principales hacedores de la política económica de la dictadura había basado su plan económico. Abrazado al fetiche de la estabilidad económica había sabido elevar el pragmatismo a la categoría de arte. La estabilidad, avivada por el recuerdo del aquelarre económico de mayo y junio de 1989, Alfonsín Presidente, había cobrado vida y adquirido el aspecto de ídolo colosal y omnímodo al que todos los argentinos le rendían culto. Al amparo de la sombra que le proporcionaba la idolatrada esfinge, Menem se había abandonado a su faena: las privatizaciones caprichosas e irregulares; los indultos a militares genocidas y a sombríos patrioteros como Aldo Rico; la entrega del manejo de la política económica a los ilustrados hombres del Fondo Monetario Internacional; con habilidad había sabido eludir su parentesco o familiaridad con personajes enlazados al lavado de dinero proveniente del narcotráfico; ignorando las atribuciones del Parlamento, y con el solo propósito de satisfacer sus relaciones carnales con los Estados Unidos, había resuelto enviar tropas a Irak; sin rodeos y a toda hora llamaba *delincuentes* a periodistas y opositores; había franqueado las puertas del país a delincuentes internacionales como Gaith Pharaon y Monzer Al Kassar. Menem había fundado su nuevo orden político en los buenos y obsecuentes oficios de gentes cuya sola mención hoy, primavera del año 2000, mueve de inmediato a sospechar en la presunta comisión de un delito, acaso en contumacia y descaro, quizá en violencia o estreñimiento intelectual. Nombres, en fin, que excitan todo tipo de pensamiento, pero nunca jamás el favor de un concepto plausible, de un conocimiento racional y equilibrado de la política: Luis Barrionuevo, Armando Cavalieri y Carlos Corach; Augusto Alassino, Julio Corzo, Antonio Erman González, Roberto Dromi y Omar Fassi Lavalle; Hugo Fran-

116

co, Carlos Grosso, Alberto Lestelle, José Luis Manzano y Munir Menem; Matilde Menéndez, Julio Mera Figueroa, Oscar Spinosa Melo, Ramón Hernández y Armando Gostanián; Miguel Ángel Vicco, Alberto Kohan, Eduardo Bauzá, María Julia Alsogaray y Mario Caserta; Ibrahim Al Ibrahim, Emir Yoma, Jorge Triacca, Juan Carlos Rousselot y Amira Yoma; Eduardo Duhalde, Alberto Samid, Palito Ortega, Julio César Aráoz y Raúl Padró; Alberto Pierri, Oscar Camilión, Rubén Cardozo, José Rodríguez y Adolfo Rodríguez Saá; Jorge Domínguez, Antonio Vanrell, José Manuel Pico, Luis Abelardo Patti, etcétera, etcétera. Personas que, en su gran mayoría, en algún momento habían sido procesadas por razones disímiles. Menem había logrado hacer de la política un entrevero de expresiones vanilocuas, sonrisas, gestos, miradas, lugares comunes. Había despojado a la política de su esencia, es decir, el debate, la confrontación de ideas y proyectos, y la había situado en el único escenario que dominaba a sus anchas, aquel regido por las leyes de la banalidad y el entretenimiento. En pie, de la política, solamente había dejado el estuche, el pellejo. Cuerpos carentes de nervio y pasión que sin solución de continuidad se paseaban por estudios de televisión. Los políticos de la fiesta menemista habían resuelto suplir la prédica callejera y la movilización, el cotejo de ideas y propuestas, por la sonrisa ensayada y el pelo prolijo. La política ya había absorbido todas las taras de la farándula. Y ahora, gracias a la imprevista obsequiosidad de Raúl Alfonsín, tras el célebre y furtivo Pacto de Olivos, había alcanzado la posibilidad de una reelección.

Un ambiente, un poder político obsceno y extraviado, en el que Ruckauf se desplazaba con ingeniosa destreza e inocultable frenesí. Por toda parte afirmaba que la reelección de Menem era lo mejor que podía ocurrirle al país, pues la fiesta debía continuar. Un impúdico baile de máscaras que de mala gana debieron interrumpir cuando una bomba inconcebible, en la mañana del 18 de julio de 1994, echó por tierra el edificio de la Asociación Mutual Israelita Argentina (AMIA) e hizo trizas ochenta y seis cuerpos y mutiló decenas.

La noticia del atentado sorprende al ministro y su familia en Fort Mayers, Miami, lugar por el que siempre ha profesado una extraordinaria inclinación. Vacaciones de invierno en la Argentina, razón por la cual Ruckauf había buscado en las playas del norte la gracia de un sol que el cielo brumoso y ceniciento de Buenos Aires le ocultaba. Cuando Graciela Finauri le informa por teléfono lo que ha sucedido, lo asalta la vergüenza. A fin de cuentas es el ministro de Interior, parte de su actividad consiste en la prevención de atentados de esa naturaleza y, circunstancia ya bochornosa, a la hora de la explosión no se encontraba en su despacho sino echado panza arriba en la arena. Sin tapujo miente al periodismo: "Yo estaba en Nueva York asistiendo a algunas sesiones preparatorias para la próxima Conferencia Mundial de la Población y Desarrollo, a realizarse en El Cairo". De regreso a la Casa Rosada se pone a repetir a sus colaboradores: "No me lo comí yo, no me lo comí yo. Si no lo sabía la Mossad, ¿cómo podíamos saberlo nosotros?". Y acto seguido comete el primer desatino, o, conforme los ojos de quien observe, el primer acierto: en el libre albedrío del POC (Departamento de Protección al Orden Constitucional), organismo de espionaje bajo su excluyente órbita, confía los primeros pasos en la investigación. Pero el POC, grupo de elite conformado en su mayor parte por agentes de probada vinculación con los tiempos de la dictadura, no hace más que entorpecer, desviar y encubrir los hechos. El POC, envalentonado por la inercia del ministro, comienza a recibir las declaraciones de testigos y policías, a recoger pruebas en el lugar del hecho y, tras un detenido análisis de los testimonios y del material, a cuentagotas remite al juez Juan José Galeano lo que se le antoja. Sesenta y seis casetes con escuchas practicadas los días siguientes al atentado en el teléfono del chalet que alquilaba Carlos Alberto Telleldín, *desaparecen*; los agentes, por lo demás, *extravían* rollos de fotografía y videos, y de las agendas secuestradas en los procedimientos arrancarán hojas y borrarán números telefónicos. Una eliminación sistemática de pruebas que tenían como lugar común la robusta sospecha de la ligazón de miembros del poder político y de la policía de la provincia de Buenos Aires con el atentado. El POC, quedaría establecido años más tarde, destruyó pruebas, cercenó información y desoyó testigos de valía. El juez Galeano oportunamente había de procesar por *ocultamiento y destrucción de pruebas* al jefe y al subjefe del POC, comisarios Carlos Antonio Castañeda y Carlos Alberto Nistal, y al agente Luis González. Sería la intervención del POC en el primer tramo de la investigación, alentada por la negligencia del ministro, el punto de partida que con el correr del tiempo había de convertir el expediente en un cúmulo de falsedades, encubrimientos, intrincadas conclusiones y una continua y descarada desaparición de pruebas vitales.

La ausencia de criterio del ministro para encaminar la investigación es formidable. A sus colaboradores más cercanos confiesa: "Sé que estoy metido en un berenjenal, y lo peor es que no sé cómo salir de esto ileso". Realiza una conferencia de prensa, informa a los periodistas que la investigación está correctamente encaminada y de inmediato, esgrimiendo como excusa la imperiosa necesidad de reunirse con autoridades de la CIA y del FBI en Estados Unidos, retoma sus vacaciones en Fort Mayers, en la casa de huéspedes de su gran amigo Daniel Dosoretz. "¿A qué vino el ministro Ruckauf nuevamente a los EE.UU. con dos guardaespaldas?", se preguntaba el corresponsal de *La Nación* en Washington, Fernán Saguier, en un artículo publicado en esos días. "Se sabe que Ruckauf no realizó contacto alguno con la plana mayor del FBI y de la CIA en esta ciudad", añadía el periodista quien, desde luego y con buen tino político, no había tenido la ocurrencia de rastrear las playas de Miami.

No ha transcurrido una semana desde el atentado cuando Menem crea la Secretaría de Seguridad y aparta a Ruckauf de la conducción de la investigación. El brigadier Andrés Antonietti, amigo del Presidente, es designado titular del nuevo organismo. En su primera declaración pública se dirige al atribulado ministro sin mencionarlo: "Acá hubo fallas para prevenir el atentado". Hugo Franco renuncia y el jefe de la Policía Federal, Jorge Passero, cede su puesto al comisario Adrián Pelacchi. Ruckauf tambalea. Las versiones acerca de su pronto y lógico alejamiento son constantes, pero el ministro, presa de raro orgullo, se aferra al cargo con incomprensible denuedo."No voy a irme en medio de la batalla". Pese a su desvinculación orgánica de la investigación, empieza a formular una serie de llamativos asertos que sólo pueden tener cabida en su imaginario, pues de la lectura del expediente ninguna de sus palabras podía desprenderse. "Hasta ahora está claro todo el curso de los hechos hasta que la camioneta es depositada en la playa de estacionamiento, de donde luego es retirada para hacer el atentado. Es decir, toda la preparación está clara, todas las personas implicadas pueden ser descubiertas, pero desde el momento en que la camioneta está cargada ahí, ya no puede saberse más". Días más tarde, cuando aún experto alguno había conseguido identificar de manera fehaciente el tipo de explosivo empleado, añade: "La camioneta Trafic, a marcha normal, ascendió a la vereda, estacionó en 45 grados y allí explotó, inmolándose su único conductor. El coche bomba contenía no menos de 300 kilos de explosivos, en su mayoría nitrato de amonio, que estallaron en combinación con una carga de nitroglicerina". Su incontinencia verbal, fundada en la vehemente necesidad de buscar cámaras y micrófonos, no se detendrá aquí. Luego de aclarar que su relación con la Policía Federal se limita a "pases, ascensos, despidos, funciones", y que "todo lo operativo de la Seguridad está a cargo del brigadier Antonietti", informa: "Para la Policía la investigación está avanzadísima, pero una cosa distinta es probarla judicialmente, donde el sospechoso tiene sus derechos como, por ejemplo, negarse a declarar. La Argentina no puede actuar como actúa Israel, que determina quién es el culpable político y lo bombardea (...) En la mayoría de los atentados de este tipo no se encuentra al responsable. Principalmente porque el mayor responsable murió en la explosión. Esto ya está comprobado porque se encontraron restos humanos cerca del motor de la camioneta". Por fin, en esos días, en el transcurso de la interpelación a que es sometido en la Cámara de Diputados, hará hincapié en una certeza por lo menos asombrosa: "No puede hablarse de la participación de argentinos en el atentado".

Reflexiones las del ministro que, examinadas seis años después, no pueden menos que causar azoramiento y, desde luego, un dejo de lástima.

La pesadumbre que lo había atacado a causa del episodio de la AMIA, y en especial el temor a perder el empleo, comienza a convertirse en afán de campaña electoral a mediados de septiembre. Menem le provoca una especie de dulce letargo. Lo escucha con atención. Lo observa en el televisor. Menem, no caben dudas, busca un candidato a la vicepresidencia. Y en los planes del ministro esa posibilidad no ha sido desechada. De modo que se rinde a sus pies. Se sumerge en un período de extremada adulación. Es que ha resuelto ser vicepresidente del hombre que considera magnífico. En diciembre viaja a Washington y durante una reunión con Ron Brown, asesor del secretario de Comercio del gobierno norteamericano, asegura que Menem lo ha escogido candidato a la vicepresidencia de la Nación. La osadía del ministro llega con prontitud a los oídos de los hombres más cercanos a Menem y causa un hondo malestar que Carlos Corach sabrá resumir en una breve y académica reflexión: "¿Quién carajos se cree que es este tipo para andar afirmando esas cosas?". Ajeno a cualquier comentario, Ruckauf continúa inmerso en su personal y testaruda campaña. Días más tarde, su amigo Alejandro Romay lo invita a un estudio del canal 9 y le dedica minutos de empalagosas alabanzas. "Sería lindo que fueras el vice", dice Romay con voz arrastrada. "Hay pocos políticos con el alma y el corazón que vos tenés. Sos la excepción". De inmediato, la mirada puesta en la lente de la cámara, suelta el ruego: "Señor Presidente, señor Presidente: éste es el vice que usted necesita". Y Ruckauf sonríe, y dice bueno, le agradezco, Alejandro, pero esto deberá decidirlo él, claro que me siento capacitado, pero también hay otros, sí, me gustaría, claro, gracias, Alejandro, muchas gracias.

La certidumbre que el ministro había largado temerariamente en Washington no había sido tan descabellada. En la primera semana de 1995, al cabo de infinitud de habladurías e intrincadas versiones, Menem convoca a conferencia de prensa en la Casa Rosada y formula el anuncio: "Mi compañero fue ministro del tercer gobierno de Perón, por eso hablé de un peronista de raza; después fue embajador, parlamentario y ministro del Interior. Es Carlos Ruckauf". Y entonces el abrazo, y el llanto hiposo de Marisa y un muchacho de larga melena que se entremete en la escena y sin vueltas se pone a besuquear a Ruckauf ante la mirada atónita de Menem. "Es mi hijo", aclara de prisa el ministro. Menem no ha terminado de escuchar las palabras de su compañero de fórmula cuando Carlos Germán se precipita sobre él y lo envuelve con sus brazos y le besa la mejilla una y otra vez. La sonrisa del ministro, ahora, está cargada de un fulgor inconmensurable. ¿Por qué Ruckauf? El analista político Teófilo Saint Germain ensayará una explicación que, pese a su trivialidad, a la ausencia de apreciaciones políticas, teniendo en cuenta la lógica secreta que habitualmente aviva los pasos de Menem, cabe considerar: "Ruckauf es un hombre absolutamente leal al presidente Carlos Menem. Menem puede confiar en él. Además tiene más o menos la misma altura que Menem, Duhalde era incluso más bajo. El sentido estético del presidente es muy pronunciado".

El menudo candidato a la vicepresidencia, pues, eleva al grado de ciega obsecuencia el fervor que le despierta la verbena menemista. Las declaraciones se suceden, la una tras la otra, en cuanto micrófono se le cruza en el camino. "En la Argentina de hoy, si le gusta el ballet quiere que le baile Julio Bocca. Si le gusta el fútbol, quiere verlo a Maradona. Y si quiere que lo gobiernen bien, lo vota a Carlos Menem". Luego: "Estoy convencido que la candidatura a vicepresidente es la culminación de mi carrera política. Ser vicepresidente de Menem para mí es el cielo. Estoy hecho". Y añade: "Yo soy leal al Presidente. Tengo una gran admiración por él. Cuando he tenido diferencias se las he expresado. Nunca voy a hacerlas públicas porque no sería leal". Embriaguez intelectual que se transforma en abrupta transfiguración de tono casi místico en el acto de lanzamiento oficial de la campaña electoral. Ruckauf, en el palco, da la impresión de padecer un estado de peligrosa suspensión de los sentidos. No sonríe. Su rostro es una informe masa de carne afiebrada. Con voz desencajada, ronca y estentórea, propia de un hombre que ha perdido la cordura, vocifera: "¡Yo le quiero decir, compañero Presidente, como militante de este pueblo peronista, que Dios lo siga iluminando para que siga la grandeza de la patria y la felicidad de su pueblo! ¡Muchas gracias, compañero Presidente, su pueblo lo quiere escuchar!" Y seguidamente buscará la bendición del sudoroso abrazo de su líder.

Fiel al estilo político que había impuesto el menemismo, llegará el momento de acometer con fiereza contra José Octavio Bordón, el candidato de la oposición: "Parece Poncio Pilatos. Dice que no mataría un bebé pero por otra parte dice que está dispuesto a legalizar el aborto. Bordón está más maquillado que Massaccesi. La característica de la campaña de Bordón es Llora, llora Urutaú... Todos los días se manda un llanto".

Seis años después, gobernador ya, Ruckauf habrá de caer en un nuevo ataque de desmemoria y a Bordón le cederá la responsabilidad de dirigir el área de Cultura y Educación de la provincia de Buenos Aires. Bordón, un hombre, desde luego, de férreos, coherentes e irreductibles principios políticos e ideológicos.

Un hecho digno de ser relatado ocurre el 3 de marzo. Ese día, en Pinamar, Alfredo Yabrán colocará la piedra fundamental de su futuro complejo turístico Terrazas al Mar, razón por la cual ha organizado un acto solemne y rimbombante. Menem y el gobernador Duhalde son los invitados de honor. Ruckauf, que no ha recibido ningún tipo de convite, logra trepar al helicóptero de Carlitos Jr. —la misma máquina que doce días más tarde conduciría a la muerte al hijo del Presidente— en compañía de Menem. En el trayecto hacia Pinamar, Carlitos ensaya algunas piruetas para bromear con la comitiva que por tierra, en la ruta, distribuida en un par de automóviles, forma parte de la procesión. En uno de los vehículos se encuentra Yabrán quien, al percibir la presencia de Ruckauf en el helicóptero, deja escapar el gruñido: "¿Y este hijo de puta para qué viene?". Es que años atrás el empresario había resuelto eliminar a *Carlitos* de su exclusiva nómina de amigos. La verdadera razón del enojo de Yabrán constituye un misterio difícil de dilucidar. Sí puede afirmarse que el distanciamiento ocurrió cuando Ruckauf era embajador en Italia. Allegados al empresario refieren una historia francamente improbable y fantástica: Yabrán habría solicitado a su amigo que, considerando la buena relación que había labrado con empresarios y dirigentes políticos italianos, le diera una mano en la consecución de un negocio millonario. El embajador, sin embargo, a diferencia del comportamiento sumiso que había tenido en otras ocasiones, le exigió a cambio del favor el pago de una comisión de siete millones de dólares. Yabrán se los habría pagado, pero en vano: la operación nunca jamás se llevó a cabo. Historia incierta, por supuesto, aunque la ira del empresario fuese visible a toda hora y en todo sitio.

El propósito de Ruckauf, es decir, reconciliarse con el poderoso hombre que en momentos críticos le había dado empleo y alentado a retomar el camino de la política, será sin embargo infructuoso. Durante la ceremonia, Yabrán no le dirigirá la palabra.

Está en el cielo, en la culminación de su carrera política, como ha dicho. Es vicepresidente de la Nación. El resto poco le importa. A contados metros del escritorio que ocupa tiene el balcón donde Perón se plantó el 17 de octubre de 1945 para dialogar con el inabarcable gentío que repletaba Plaza de Mayo. Caer en la cuenta de que su nombre, como el de Perón, algún día figurará en los textos de estudio, le provoca una satisfacción inenarrable. En la antesala, como antes, tiene a Graciela Finauri. ¿Qué podría hacer sin el constante sostén de la mujer que ha sabido administrar los movimientos de la embajada en Roma y, con posterioridad, los sinsabores en el Ministerio del Interior? Graciela, entre otras cosas, le ha servido ahora para desprenderse, de cuajo, del último de los viejos y leales servidores que le traen a la memoria un pasado por momentos sombrío. El fiel Ramón Ramírez ya no tiene cabida. El ex suboficial de la policía se ha ocupado con esmero de la continua atención de la madre del vicepresidente, que desde Salta viajó para ver asumir a su hijo; de su bolsillo salió el dinero para los gastos de gasolina y comidas. Pero el vicepresidente no lo atiende. Finauri se ha encargado de mandarlo al diablo. Ruckauf, ahora, cuenta con los servicios especiales de dos buenos custodios, Mario Toresán y Adrián Falduto, oficiales de la Policía Federal con sobrada pericia. Toresán, un hombre de engañoso aspecto inocentón y vida rumbosa, ha sido custodio del ministro Cavallo, y Falduto, por años, ha resguardado las espaldas con hombreras de José Luis Manzano. La correspondencia de Ruckauf con sus custodios será muy singular y, una vez instalados en las oficinas de la presidencia del Senado, cobrará el carácter de verdadera sociedad. Por lo demás, en los asuntos relativos a seguridad, el vicepresidente continúa gozando del sagaz asesoramiento que le brinda el capitán de navío (R) Randolfo Agusti Scachi; el marino ya lo había acompañado en el Ministerio del Interior y también había prestado servicios en la Dirección Nacional de Migraciones al notorio masserista Hugo Franco; un hombre, Agusti Scachi, que con orgullo exhibía a la manera de hazañosos logros haber integrado un grupo de tareas de la ESMA y una condecoración recibida de manos del mismísimo Massera.

126

De los hombres que a lo largo de años lo protegieron, vistieron, escucharon, acompañaron y toleraron, pues, tan sólo el *Petiso* Muffatti ha quedado. Director de Ceremonial del Senado, aunque su quehacer no será otro que meterse un sueldo en el bolsillo, puntualmente, cada día 29, pues una embolia cerebral que lo ha atacado en Fort Mayers, cuando junto a Ruckauf y los custodios celebraban con lujuria la llegada a la vicepresidencia, lo ha dejado maltrecho. A *Maggie*, por una sencilla razón de decoro, ha debido abandonarla en el Ministerio del Interior pese a los pataleos de ella. Sí, en cambio, se ha preocupado por hacerles lugar a las novedosas compañías. Quería tener a Caselli a su lado, y para conseguirlo ha inventado una secretaría, la de Coordinación de la Vicepresidencia, y allí lo ha puesto. Deseaba obsequiarle un cargo a su amigo Oscar Galie, pues entonces ha creado otra secretaría de Estado, la de Relaciones Institucionales, y a su frente lo ha colocado.

Esteban *Cacho* Caselli tenía cincuenta años y un pasar en extremo lujoso para un hombre que había sido alumbrado en un hogar humilde que tenía a un oficial de la Policía Federal como único apoyo económico. De su padre había heredado una desmesurada y arcaica pasión religiosa, que luego se vería acentuada a causa de sus estudios en un colegio marista y la militancia en Acción Católica, parroquia de San Alfonso, en el barrio Parque Chas. Experiencia que, a los diecinueve años, lo llevó a tener por factible vestir los hábitos. No lo hizo. Su natural propensión a ocupar un lugar relevante en el poder político fue largamente superior al deseo de andar por la vida ataviado con sotana, predicando los Evangelios. En el año 1974 ya había conseguido situarse junto a uno de los hombres más poderosos y controvertidos de la época; integraba el equipo de asesores de Victorio

Calabró, dirigente de la UOM y gobernador en aquel entonces de la provincia de Buenos Aires. Luego del golpe militar de marzo de 1976, gracias a la intermediación de Calabró, se mantuvo a las órdenes de los generales Roberto Viola y Reynaldo Bignone y, a través de Hugo Franco, supo granjearse el cariño del almirante Emilio Eduardo Massera. Con el correr del tiempo, a fuerza de picardía, inteligencia y una inquebrantable sed de poder, Caselli había logrado transformarse en un hombre cuya cercanía muchos procuraban. Con rara facilidad podía pasearse por el mundo, visitar al Papa cuantas veces le viniera en gana, sentarse a una mesa con dirigentes políticos de renombre internacional y veranear en el Golfo de México. Habitaba un palacete en avenida Alvear. La explicación que solía ofrecer acerca de las circunstancias que lo habían arrojado en esa mansión parece extraída de una novela: el comodoro Miguel Cardalda, un aviador retirado en 1945, fue su ángel protector. Para él y su mujer el joven Caselli trabajó como chofer en los años sesenta. Al parecer, el matrimonio no tenía hijos o parientes de su agrado en quienes confiar su hacienda, de modo que en el testamento dejaron en claro que Caselli sería el único heredero de sus bienes. De esta forma, el *chofer del comodoro*, tal como se lo conocía en el barrio, de la noche a la mañana se convirtió en propietario de la casa de doscientos metros cuadrados de avenida Alvear y Libertad para sorpresa de todos los vecinos. Su veloz ascenso no sólo fue producto de la buena fortuna sino de un inapreciable don: saber a quiénes dar y de quiénes recibir. La asunción de Menem le había permitido dar un salto fenomenal. Sus intereses y negocios se multiplicaron en áreas por demás disímiles. Se movía con soltura entre cardenales, obispos y funcionarios; con idéntico énfasis era capaz de meter sus narices en negocios de armas, asuntos inmobiliarios o de la industria de las medicinas. Luego de un efímero paso como jefe de Asesores del Ministerio del Interior y del Ministerio de Salud y Acción Social, Eduardo Bauzá lo había designado, en 1990, secretario de Acción de Gobierno de la Secretaría General de la Presidencia. Desde allí pudo manejar los Fondos Especiales para Obras Pías y se convirtió en la llave de ingreso de la Iglesia a la Casa Rosada. O viceversa. Su íntima relación con el cardenal Antonio Quarracino y con los obispos Desiderio Collino, de Lomas de Zamora, confesor de Massera en plena dictadura, Emilio Ogñenovich, de Mercedes, y Marcelo Martorell, vicario general y ecónomo del Arzobispado de Córdoba, brazo derecho del cardenal Raúl Primatesta, lo transformó en el hombre dilecto del gobierno a la hora de comunicarse con la Iglesia. Instalado en uno de los despachos más espléndidos de la Casa de Gobierno, resolvía según su juicio qué parroquias o diócesis debían obtener el beneficio del Estado. De igual modo, podía gestionar condecoraciones y títulos nobiliarios a quienes le cayesen en gracia. Así, pues, Carlos Menem pudo lucir el Gran Collar de la Orden de Piana, condecoración reservada a celebridades del mundo; Eduardo Bauzá no fue distinguido con el Gran Collar, pero sí pudo salir caminando muy dichoso del Vaticano con una Orden de Piana legítima; Hugo Anzorreguy se convirtió en Infanzón del Santo Sepulcro y su pecho adornó con la barroca condecoración. Hugo Franco no debió de haber cavilado mucho para apodarlo el *Obispo*. La entrada de *Cacho* Caselli al gobierno fue para muchos una bendición. Su misión era sencilla: abrir y cerrar puertas. Intermediar. Las ayudas que habría de prodigar fueron muchas veces cuestionadas. Sobre él diría años después el ex ministro Domingo Cavallo: "Esteban Caselli fue un personaje clave en el tema del oro, en el de las armas y en el de Yabrán. Fue el contacto que movió los expedientes, el que llevaba y traía las cosas y el que movía influencias. Por supuesto que él nunca dejaba rastros, siem-

129

pre trabajó con Hugo Franco". Miguel Bonasso, en 1999, en su libro *Don Alfredo*, había de llegar más lejos aún: "Domingo Cavallo conjeturaba en privado que Yabrán habría lavado dinero en el exterior, procedente de las compras y ventas de armamento realizadas por Massera. Sus especulaciones abarcaban también a dos yabranistas, vinculados con el Almirante Cero y con la UOM: Esteban Caselli y Hugo Franco".

Perón solía referir una anécdota exquisita, fruto, muy probablemente, de su afición a la ocurrencia. Un día, cuenta Perón, cuando era Presidente, vino a verme un hombre con aspecto de empresario y me propuso un negocio razonable: un país asiático necesitaba importar granos, y como la Argentina era un gran productor de granos, el hombre me ofreció hacer una exportación. Yo le dije: "Muy bien. Nosotros ponemos los granos, el país asiático pone la plata y compra los granos. Pero usted, ¿qué pone?". Entonces el hombre me respondió: "Yo, general, pongo el océano".

En pleno despilfarro menemista, Caselli era el propietario de buena parte de los océanos, de buena parte de los mares.

Con Caselli, el vicepresidente emprenderá su primer viaje al extranjero. Al Vaticano, claro. Aquí, Ruckauf volverá a subrayar la rabiosa postura del gobierno argentino contra el aborto y de manos del Papa recibirá la Orden de Piana. La estadía en Italia parecía marchar sin sobresaltos cuando, desde Buenos Aires, Finauri le hizo llegar a Ruckauf una copia de la denuncia efectuada por el diario *Página/12*: Caselli, afirmaba la publicación, encontrándose a cargo de la Secretaría General de la Presidencia había realizado gestiones improcedentes para favorecer la instalación, en Aeroparque, de un hangar de la empresa de taxis aéreos Lanolec, propiedad de Yabrán. El diario transcribía el texto de una carta remitida por el *Obispo* al brigadier Juan Paulik: "Me dirijo a usted, por expresa disposición del señor Presidente de la Nación a los efectos de dar traslado de la nota adjunta que fuera enviada por la firma Lanolec. S.A. Al respecto se solicita dar curso favorable a dicha presentación, a fin de poder efectuar la construcción de un hangar con tecnología de punta y prestación de todos los servicios inherentes a la actividad".

Interrogado por el periodismo, Caselli respondió con una franqueza que hundió al gobierno en un brete: "Claro que conozco a Yabrán, como conozco a Macri y Amalita Fortabat. Lo he visto por el tema Lanolec dos o tres veces y me pareció una excelente persona, un empresario importante, y me pareció oportuno ayudarlo con sus problemas. A veces los empresarios no llegan al Presidente o a los ministros y tienen cosas que responder. Entonces los recibo yo y los ayudo. Es una colaboración para el país". Ruckauf, en cambio, estimó correcto eludir toda referencia a Yabrán y a su devoto hacedor de condecoraciones pías. "En los sistemas democráticos", dijo, "todos son inocentes hasta que se demuestre lo contrario". Menem, sin embargo, al cabo de la lectura de las declaraciones de Caselli, ordenó: "No lo quiero ver más". Y el *Obispo*, por tanto, perdió el empleo. No por mucho tiempo. En un par de años había de regresar, y con todos los honores.

7

En aquella época, si recuerdo bien, mi vida era un festín en el que se abrían todos los corazones, en el que corrían todos los vinos.

ARTHUR RIMBAUD. *Una temporada en el infierno.*

Está empapado en un sudor viscoso y silvestre, una serosidad aromatizada por los perfumes italianos con que suele masajearse el cuello y la cara. Las piernas ya no resisten. Ha pedaleado a lo largo de quince minutos. Su entrenador personal le sugiere detenerse. Ha sido mucho por hoy; pesas, abdominales, y luego ese raro asunto de recorrer kilómetros sin moverse del lugar. Entonces el vicepresidente de la Nación, en su despacho del Senado, hace a un lado la bicicleta fija y mete el cuerpo sudoroso en una bata de seda. Y el vicepresidente se baña y afeita. Ricardo, el peluquero de La Paternal que ha llevado consigo al Senado, le retoca con delicadeza los pocos pelos que aún se obstinan en cubrirle el cráneo. Ruckauf tiene prisa. A las seis de la tarde debe reunirse con Lorena Canepa, su directora de Ceremonial y Protocolo. Como es habitual, estarán enclaustrados durante un par de horas, inmersos en los desplazamientos protocolares a los que cada día está sometido el vicepresidente, analizando los enrevesados vaivenes de la política nacional. Un año y medio atrás, diciembre de 1996, Ruckauf había descubierto en Lorena, ex colaboradora del senador Conrado Storani, un apoyo indispensable. Era una joven de veintiocho años con especiales atributos y un currículum que en el vicepresidente había causado honda impresión. Había estudiado Ciencias Políticas y Relaciones Internacionales en la Universidad del Salvador. También había posado para la revista *Playboy* y actuado en la película *Las colegialas*, una obra colosal de Fernando Siro. Con Susana Traverso, Guillermo Francella, Jorge Rossi, Santiago Bal y Carmen Barbieri otorgándole vida a un argumento deslumbrador: todo transcurre en el *Happy High School*. En ese colegio las mujeres, parece, sufren de fiebre uterina. Se manosean continuamente, en plena celebración del 9 de Julio una alumna le da lengüetazos a su compañero, y otro corre tras una pelota y tropieza y de casualidad cae con la boca encajada en el pubis de una de esas alumnas atacadas por el ansia de sexo. Y ella guiña un ojo y lo alienta a seguir allí. Y los profesores desvisten a sus alumnas con la mirada. Elena Cruz, mujer de Siro, desempeña el papel de directora autoritaria e implacable. La primera aparición de Lorena, o de buena parte de ella, es alentadora. En tanto Cruz dirige al alumnado un discurso de tenor fascista, empleando un timbre teutón, un muchacho, con la punta de una regla, alza la minifalda de Lorena y entonces brota, enorme, como una bestia a punto de devorárselo todo, el trasero de ella, malamente cubierto por una grácil bombacha amarilla con flecos en la que se lee: "Tocámela". Lorena, una colegiala de cabello castaño desordenado con un moño blanco, se pone a mecer las nalgas con una cadencia inigualable. Minutos más tarde, vuelve a protagonizar una escena cargada de sutil realismo. Prueba de anatomía. Jorge Rossi es el profesor y merodea por el aula a la búsqueda de copiones. Las alumnas le echan miradas libidinosas; una de ellas abre las piernas en abanico y deja entrever una menuda bombacha; otra, a la manera de una lagartija hambrienta, latiguea el aire con

134

la punta de la lengua. Todo, en suma, transcurre normalmente hasta que Rossi, con espanto, repara en Lorena. En sus excesivos pechos desnudos la colegiala ha hecho un sinfín de anotaciones, y de allí lee y copia. "¿¡Qué es eso!?", pregunta Rossi. Y Lorena responde, con calidez: "Es un machete". Y Rossi no logra contener la baba y mira los pechos, y dice: "Son dos machetes". Y el resto de la clase ríe. Y Rossi se queda a solas con Lorena. Le ha dicho que necesita hablar con ella. Le pide que una vez más le muestre los machetes. Y Lorena abre de par en par su camisa y allí están, los carnudos machetes, repletos de líneas. "¿Qué le parece, profesor? ¿Es muy grave?", pregunta, los ojos llenos de picardía. Rossi traga saliva. Dice: "Es una lástima arruinar algo tan hermoso". Y la futura directora de Ceremonial y Protocolo del vicepresidente de la Nación encoge los hombros resignada.

Seis en punto. La reunión con Lorena hoy no tendrá como centro de atención la actividad del vicepresidente. El asunto, molesto, escandaloso, por cierto, es un simple trozo de periódico que ella ha dejado caer sobre el escritorio de su jefe luego de atrancar la puerta del despacho-gimnasio. Diario *Crónica*. Sección *La Pavada*. Ruckauf se pone a leer: "El que ríe: Un alto funcionario del Senado, a quien apodan 'el monito de madera', está de novio con una 'miau-miau' que responde al nombre de Lorena. Pistas: es techo taxi. Tiene el pelo teñido de rubio y raíces negras. En los pasillos de la Cámara Alta la llaman Monica Lewinsky; pero claro, esta Lorena es la del subdesarrollo, aunque comparte con su colega americana la pasión por tocar el clarinete. La noche del escándalo fue cuando la pareja, en una larga travesía hacia Oriente, hizo escala en Canarias. Salieron a caminar por la playa, se hacían arrumacos para vergüenza de los colaboradores del 'monito de madera'. De los fondos reservados hablaremos en el próximo capítulo. Ésta es una investigación y no escuchas ilegales..."

Ruckauf suelta una puteada feroz. El viaje, reciente, desde luego ha existido. Una gira sin dudas extravagante a bordo del Tango 02: primero Costa Rica, para representar a Menem en la asunción del nuevo presidente del país centroamericano; luego Fort Mayers, Miami, para absorber otros aires; después una escala en las Islas Canarias, vaya uno a saber con qué fin, y por último Egipto, también por razones ignoradas. Y una comitiva igualmente extraña: Ruckauf y Lorena; el director de Ayuda Social del Congreso, el dirigente radical Mario Pontaquarto, con una mujer; el jefe de Custodia, comisario inspector Roberto Giacomino (a) *El Dandy*; el médico personal, amigo y asesor del vicepresidente, Alberto Labato y, claro, los sombríos oficiales Falduto y Toresán.

El vicepresidente no debe pensar demasiado para caer en la cuenta de que ha puesto los pies en el umbral de un grave conflicto familiar. Vuelve a leer el recorte del periódico al tiempo que farfulla obscenidades de toda naturaleza. El sonido del teléfono celular lo obliga a interrumpir la lectura. Es Carlos Germán y, a juzgar por el eco de su voz, bronca, agitada, está enojado. Quiero verte ya, le dice el hijo al padre; si querés evitar una escena en tu oficina, mejor que te cruces hasta mi departamento ahora mismo; sabés dónde vivo. Sí, por supuesto, a contados metros de la Plaza de los dos Congresos. Y hacia allí parte Ruckauf, sabiendo de antemano que lo aguarda una situación difícil de sortear. Carlos Germán ha perdido los estribos. Desde los apartamentos linderos escuchan los gritos. ¡O dejás a esa mina ahora o se arma flor de quilombo!, grita el hijo; son boludeces de la prensa, dice el padre; ¡boludeces de la prensa las pelotas!, grita el hijo; siempre hay campañas de desprestigio,

136

dice el padre; ¡campañas la mierda!, dice el hijo; pero..., dice el padre; y te vas ya mismo de acá, dice el hijo; pero..., sigue el padre; ya mismo, ya mismo, dice el hijo, y el padre se marcha, cabizbajo, pensando en quién ha podido ser el cruel infidente. De regreso en el despacho resuelve despedir a dos jóvenes que nunca le han resultado simpáticos. Debe de haber sido uno de éstos, dice a Lorena, y acto seguido le ruega que se retire de allí. En las palabras que tiempo atrás le remitió el padre José Romero, miembro de la Renovación Carismática de la Iglesia, de la que Ruckauf es fiel devoto, busca templar el desasosiego: "Quien no es humilde como María, no puede gozar las grandezas del Señor. ¿Tienes algún problema imposible en tu vida? Trata a María, ¡y verás maravillas! Yo las he visto en mi vida".

Pero se ha equivocado. Ninguno de los jóvenes que acaba de despedir fue el autor intelectual del brulote periodístico. La autora del malicioso chisme publicado en *La Pavada* ha sido la periodista Alicia Barrios. La mujer había sido víctima de un despecho que consideraba imperdonable: en cierta ocasión Ruckauf le había hecho llegar una invitación a una fiesta con periodistas pero con una aclaración: "No vengas con Bernasconi, por favor, que no es un buen momento". El juez Hernán Bernasconi, novio de Barrios, en efecto no resultaba una compañía edificante. Su actuación en el caso Coppola había sido por lo menos grotesca. Alicia Barrios no concurrió a la fiesta, pero en cambio resolvió dedicarle a Ruckauf una serie de artículos y pastillas cargados de visible resentimiento.

El ingreso de Ruckauf a la presidencia del Senado no había sido sencillo. Su primera medida fue un fracaso. Enterado de que los senadores recibían ejemplares de todos los diarios y consumían café sin pausa, ordenó: "No más diarios ni café para ningún senador. Desde ahora habrá austeridad en esta casa. Si quieren diarios, que los compren de su bolsillo. Igual para el café. De ahora en más, té, mate cocido, esas cosas". La austeridad duró lo que un estornudo. Los senadores le hicieron saber que de esa manera la relación sería ciertamente espinosa, y los diarios y el café y las medialunas regresaron pronto a los escritorios. Del ataque de severidad y rigidez en los gastos, prontamente saltó al despilfarro, y el apotegma que discurrió, y que habituaba repetir hasta el hartazgo a sus colaboradores más cercanos, fue de veras ocurrente: "En la vida lo más importante son las tres P: prestigio, poder y plata".

A raíz de la reforma constitucional, veinticuatro nuevos senadores se habían sumado a la Cámara, razón por la cual era menester ubicarlos en algún sitio, construir despachos, refaccionar otros, amueblarlos, decorarlos. Adjudica la obra a la firma Sebastián Maronese e Hijos S.A., que ha estipulado un presupuesto de siete millones de pesos. La comedida empresa, sin embargo, habrá de costarle al Senado doce millones, es decir, cinco millones más de lo previsto, quinientos mil pesos cada despacho, y motivará la redacción de un voluminoso expediente interno que tiempo después desaparecerá, de la noche a la mañana, de los anaqueles de la dirección de Asuntos Jurídicos, a cargo del buen amigo del vicepresidente, Ricardo Rapetti. En realidad, no sería el único expediente embarazoso que había de tener un destino incierto.

Luego, Ruckauf intentará aplacar la lógica agitación que le provoca el cargo de vicepresidente abandonándose al más placentero de sus divertimentos. Recorrer el mundo. Y, para hacerlo de manera decente, como es debido, cuenta con una partida de dos millones de pesos anuales en concepto de fondos reservados, dinero, por tanto, que puede gastar a su juicio sin caer en enojosas rendiciones de cuentas: 166 mil por mes; 5.555 por día; 231 por hora. En poco menos de dos años habrá de realizar doce viajes. 1996: marzo, Las Palmas de Gran Canaria; junio, Recife, Brasilia y unos días de reposo en Buzios, Brasil; julio, vacaciones de invierno, República Dominicana y Fort Mayers; noviembre, Sudáfrica, Italia y Hungría, travesía a la que dedicó veinte días. 1997: febrero, Australia; marzo, Japón, Estados Unidos y escala en Hawai; junio, Curitiba, Brasil; julio, quince días en Túnez; noviembre, Nueva York, quince días, para visitar a su hija María Laura, que allí residía con su esposo, Christian Whamond, hijo del almirante James Whamond, quien durante la dictadura militar había sido embajador en Japón. Un pariente del yerno de Ruckauf, el capitán de fragata Francis Whamond, activo torturador en la Escuela de Mecánica de la Armada, había recuperado su libertad a causa del beneficio de la ley de obediencia debida. 1998: enero, Cancún; febrero, Venezuela; julio, con el fin de celebrar su cumpleaños, una vez más Fort Mayers. Animadas travesías por el mundo que hará, siempre, en compañía de los policías Giacomino, Toresán y Falduto; el médico Labato, en más de una ocasión Lorena, y llevando continuamente a cuestas una suerte de hospital ambulante: un tensiómetro aneroide; electrocardiógrafo con accesorios; módulo adicional para teléfono; equipo resucitador manual-adulto (unidad cardioversora completa con marcapasos incluido); laringoscopio con dos ramas y estetoscopio tipo extra chato. Moderno equipo médico para emergencias, en fin, valuado en ochenta mil pesos, y que el vicepresidente había adquirido con los fondos del Senado. Un resucitador. Sensata medida de prevención, considerando la ingrata experiencia que su amigo Muffatti había padecido en Fort Mayers.

Entre un viaje y otro, proseguirá su tarea de remodelación del Senado. El 5 de mayo de 1997 encomienda a Alberto Agustín Coto, director de Relaciones Oficiales, la compra

139

de dos camionetas Ford, versión Transit, modelo 190 L. Cincuenta y siete mil dólares cada una de ellas. El estado de las camionetas, al parecer, no satisface al vicepresidente. Tan sólo sirven para desplazarse de uno a otro lado; están desprovistas de infinidad de accesorios que un hombre de su categoría debe tener al alcance de la mano. Exige, entonces, el pronto añadido a los vehículos de un conjunto de aparejos y servicios cuya ausencia juzga inadmisible: cuatro butacas diseño *capitán*, calce anatómico, con apoyabrazos, levadizas, y apoyacabezas móvil y desmontable, tapizadas con cuero; aislación térmica y acústica total; cajón móvil para el acceso de bebidas; equipo de compact disc Pioneer; un videograbador binorma; consola de techo en cabina con lugar para alojar equipos especiales; spots direccionales de iluminación; instalación eléctrica de alimentación dividida en cuatro secciones totalmente independientes a las del vehículo; ocho spots direccionales de lectura, individuales, de gran poder lumínico; televisor de diez pulgadas; montaje de TV y video conectado a antena; placard trasero alto con cajonera inferior y puerta vertical; cuarto de baño totalmente laminado; sanitario con pileta de acero inoxidable, grifería, jabonera, duchador de mano, botiquín, iluminación propia; tanque de agua potable de cuarenta litros; facsímil Panasonic, manos libres, veinte escalas de grises; máquina termera para café y jugos.

Por tamañas modificaciones pagará 83.676 pesos, según consta en las órdenes de compra 94 y 94 bis de 1997. No conforme con el dinero que ha invertido en las camionetas, decide equipar a la guardería del Senado —donde trabaja su hija Guadalupe— con una decena de objetos por los que pagará precios inauditos: cuatro sillitas bebesit; una heladera exhibidora de 420 litros; un microondas digital; un juego para niños Laberinto Space Tube; un acondicionador de aire Hitachi; una heladera bajo mesada. Las compras, en fin, encomendadas por Ruckauf a la precavida Matilde Guerrero, secretaria administrativa, comportarán un gasto de quince mil pesos, cuando en el mercado nunca jamás hubiera superado los seis mil. Un sobreprecio, por tanto, de nueve mil pesos. Poco menos de un año, el 1996, necesitará para gastar un millón de dólares en el moblaje destinado a los míseros despachos de los nuevos senadores.

Gastos, todos los enumerados, que desde luego inspeccionaba y autorizaba con lealtad y celo otro buen compinche del vicepresidente, Eduardo Cartelli, director de Tesorería.

Una vez que hubo puesto en las diligentes manos de Guerrero, Rapetti, Cartelli y Coto la severa administración del Senado, consideró oportuno enfrascarse en la búsqueda de mayor espacio político en el interior del justicialismo. El anunciado enfrentamiento que, se suponía, había de mantener con Eduardo Menem, un hombre que de manera férrea había conducido la Cámara a lo largo de años y que no parecía dispuesto a ceder una pizca de espacio, supo eludirlo con sabiduría en los campos de golf de Pinamar. En el ropero dejó la raqueta de tenis que lo había acompañado durante treinta años, y con atrevimiento se aventuró en la práctica del distinguido pasatiempo que había impuesto el menemismo. El golf. Una llanura verde de aspecto artificial, algunas lomas, pequeños arenales, espejos de agua. Un palo, una pelotita, un hoyo. Dicho así suena a distracción carente de gracia. Pero el palo, la pelotita y el hoyo eran elementos secundarios. Importaban el atuendo, la impostura de los modos y el cuerpo, los enlaces sociales que allí ocurrían con empresarios poderosos, la charla posterior en la mesa de la confitería del club. Todos los golfistas del menemismo experimentaban la misma sensación: al igual que en el golf, por la política andaban como si lo hicieran por una llanura despoblada, dueños de la situación, de la geografía, con un palo en la mano y listos para meter la bolita en un hoyo que no tiene más remedio que quedarse quieto en su sitio. Ruckauf se acomodó a la política del golf sin problema alguno. Escogió un chambergo con lazo de seda violeta; camisa, manga corta, color morado claro, y pantalón violeta fuerte, a tono con el guante en la mano izquierda. Y se puso a jugar con Eduardo Menem. Y a conversar. Le aclaró que entre ellos no podía haber confictos, era absurdo; de manera alguna estaba en su ánimo cambiar el estado de las cosas; jamás caería en la comisión de un acto que pudiera causar el desagrado de algún miembro de la gran familia Menem. Es que en el Senado, ya entonces, regía una curiosa lógica interna. Las leyes que aquí se debatían eran vitales para el país, y, en particular, para los sacros intereses del gobierno menemista. Sólo un anacoreta podría llegar a creer que su voto no tenía precio. Al cabo de la aprobación de cualquier ley anhelada por el oficialismo, sobres alados, de todo tamaño y toda índole, volaban de un despacho al otro. El presidente Menem, haciendo gala de su natural pragmatismo, se había propuesto alinear a su tropa de una vez y por siempre. Cada mes, de los fondos reservados de la SIDE partía hacia el Congreso una contribución para los *gastos de representación* de los senadores. Eduardo Menem y Carlos Ruckauf acordaron un pacto tácito. El hermano del Presidente continuará administrando las pujas políticas en el Senado, y Ruckauf, en tanto, podrá dedicarse a elucubrar sus futuros pasos electorales y, por supuesto, disfrutar sin sobresaltos de las regalías que le obsequia el cargo.

El primer compromiso electoral que debió afrontar el vicepresidente fue el comicio para estatuyentes porteños, en 1996. La historia política reciente había demostrado que la Capital Federal era un sitio hostil al peronismo, pero igual mente, con soberbia, prodigando por toda parte loas a los "revolucionarios cambios políticos y económicos" que había logrado realizar el menemismo, encabeza la nómina de candidatos oficialistas a la Asamblea Estatuyente porteña, cuerpo político y deliberante que, entre otras cosas, habrá de sentar las bases de la novedosa administración de la ciudad de Buenos Aires. Los resultados lo sumen en la depresión. Quince por ciento de los votos. La cosecha más magra en la historia del justicialismo porteño. Mucho no le cuesta entender que en el ánimo de la gente han comenzado a soplar otros vientos, que el hastío y la desilusión son crecientes. El caprichoso dedo de Menem había dejado de ser una garantía. La prodigiosa energía del menemismo, que en los incautos solía causar un craso aturdimiento que cada tanto cobraba la forma de voto, se había desvanecido. El *voto electrodoméstico*, como José Pablo Feinmann, con sencilla lucidez, había sabido denominar a la maquinal confianza que buena parte de la sociedad depositaba en Menem, empezaba a decaer sin remedio. Necesario era, entonces, tomar distancia, concitar la atención de la opinión pública a través de la escenificación de un acto teñido de presunto arrojo moral. La controversia que sobreviene acerca de la designación de Ramón Saadi como senador nacional es su oportunidad. Luego del asesinato de María Soledad Morales, Saadi se había convertido en el símbolo del mal. El enemigo perfecto, el que todo político quisiera tener: el peor, el número uno; aquella clase de enemigos que con su sola sombra ominosa le otorga un haz de luz al político más deslucido. El 18 de septiembre de 1996, Ruckauf sorprende a su propio bloque oponiéndose vivamente a tomarle juramento al ex gobernador de la provincia de Catamarca. "Cuando un hombre tiene un conflicto con la sociedad como el de Saadi, no debe ingresar al Senado", explica a los medios de comunicación. Los Saadi reaccionan con indignación. No comprenden el porqué del intempestivo rechazo. Alicia, hermana de Ramón, acusa al vicepresidente de utilizar el tema con el propósito de reparar la triste imagen que ha dejado tras las elecciones. Ruckauf repone: "No tiene sentido eso. Si yo no soy candidato a nada, no pienso presentarme ni en 1997, ni en 1999. No sé dónde estaría mi ganancia. Ya he dicho que la decisión sobre 1999 la voy a tomar en 1998, cuando se decida la interna, y lo que está muy claro es que me excluye a mí como candidato a cualquier cargo". La maniobra de Ruckauf tendrá el efecto deseado. Durante meses, los medios de comunicación ensalzarán su postura y lo presentarán como un solitario paladín de la ética. El vicepresidente dirá que su madre ha sido amenazada por Alicia Saadi. La hermana de Ramón denunciará intimidaciones de Ruckauf contra su familia. Una disparatada comedia política que alcanzará su mejor momento una mañana, cuando el vicepresidente y su madre, Ana María Coppola, dialoguen al aire durante un programa radial. Estoy cansada, dice ella sin ocultar el llanto; mi vida es un infierno; me llaman por teléfono y me ponen la marcha fúnebre; por suerte la radio me ha permitido hablar con vos, hijo. No te pongas así, mamá, no llores, dice él; disculpá que no te llamé antes pero estaba muy ocupado. Un culebrón político que durará meses y le permitirá a Ruckauf retomar un protagonismo político impensado.

El éxito que ha obtenido a cuestas de la campaña de prensa contra el saadismo lo lleva a entender que ha llegado el momento de proporcionarle a su afán de gloria y poder un decisorio espaldarazo. Estamos en el otoño de 1997 y la reciprocidad con Menem ya no es conveniente. Diríase que para nadie, salvo, claro está, para los adulones del Presidente. Duhalde, con marcados aires de opositor, se ha metido por completo en su campaña presidencial; el ex ministro Cavallo continúa empeñado en su paradójica batalla contra las mafias *enquistadas en el poder*, poder y mafias que él mismo ha sabido sustentar y engrandecer; José Luis Cabezas ha sido víctima de las secretas obscenidades del poder; la recesión es insostenible y los niveles de desocupación han alcanzado cifras históricas. Ahora es Duhalde el hombre que le puede traer provecho. Y no le resultará difícil ganarse su afecto. Chiche Duhalde, al igual que Marisa, es devota de las buenas costumbres y la moral inmaculada y cristiana. A Chiche el aborto le suena a crimen alevoso y la infidelidad se le antoja un delito digno de ser penado con suplicios como aquellos que su marido le aplicaría a un narcotraficante. Los encuentros de los Duhalde y los Ruckauf se suceden. Pizzas amasadas por las pequeñas manos de Ruckauf en la casa de la calle Nicasio Oroño, asados en la quinta Don Tomás, en San Vicente. Chiche y Marisa se hunden en pitucas charlas que tienen a la familia, la religión, la beneficencia y el drama de la droga como núcleo universal de la existencia. *Carlitos* y Eduardo cambian ideas acerca del futuro político. Menem, coinciden, se ha convertido en un definitivo incordio; es necesario alejarse de él; el peronismo es otra cosa, debemos recuperar el discurso peronista, el espíritu del justicialismo. Claro, uno quiere la presidencia de la Nación y el otro, aunque todavía no lo hubiera tornado público, no abriga otro deseo que alcanzar la gobernación de la provincia de Buenos Aires. Y Duhalde, desde luego, no es un dirigente más. El gobernador domina la estructura partidaria del mayor distrito electoral del país; de su pulgar, por lo tanto, depende la buena o mala fortuna del que pretenda probar suerte en una elección interna. Ruckauf, en su fuero íntimo, ya ha resuelto situar a Menem en el mismo doblez de la memoria, donde oportunamente supo enviar a Lorenzo Miguel, Massera y Yabrán, es decir, aquel espacio destinado a soterrar a las personas que lo han moldeado, sostenido y encumbrado, pero cuyos recuerdo y proximidad, ahora, son por demás inconvenientes.

En tanto Ruckauf avanzaba en la búsqueda de la conquista del duhaldismo, las oficinas de la presidencia del Senado se habían convertido en una verdadera romería. Lorena Canepa, todavía una enigmática *asesora especial*, entraba y salía del despacho de su jefe cuando se le ocurría; cada día, entre las doce y las cuatro de la tarde, Silvia Iuliano, una de las tantas secretarias de Ruckauf, se transformaba en niñera de Agustina, única nieta del vicepresidente, y entonces hacía a un lado papeles y expedientes y deambulaba de aquí para allá con mamaderas, pañales enchastrados de mierda, baberos, sonajeros y, no infrecuentemente, el abuelo orgulloso se encerraba en un despacho a solas con ellas, Silvia y Agustina, para contemplar el plácido descanso de la criatura; Falduto había instalado máquinas expendedoras de café y gaseosas, importadas de los Estados Unidos y que había conseguido pasar sin dificultad por la Aduana a causa de los favores de un pariente del comisario inspector Giacomino que prestaba servicios en Ezeiza, y en ocasiones acostumbraba recorrer las oficinas dirigiendo un carro con comidas rápidas y sándwiches; el peluquero Ricardo lamentaba a los gritos la porfía del clima, que no hacía otra cosa que estropear el menudo trabajo que había realizado en la cabeza del vicepresidente; de pronto aparecía el ex represor Agusti Scachi echando sonrisas y sin rodeos ni audiencia previa atravesaba la antesala y se metía en el despacho de Ruckauf; Marisa, en tanto, irrumpía en las oficinas y con altanería exigía que el equipo de Ceremonial la escoltase a una función de gala en el Teatro Colón o a un ágape familiar.

Así las cosas, en enero de 1998 la prolija y eficaz secretaria privada de la presidencia del Senado, Graciela Finauri, le hace saber a Ruckauf que no tolera continuar allí un segundo más. Renuncia, toma sus petates y se manda mudar. Toresán, Falduto, Lorena y el médico y asesor Labato festejan. El alejamiento de Finauri, mujer que tenía el tonto hábito de exigirles comprobantes de los raros gastos que hacían y que solía respetar con testarudez los compromisos establecidos en la agenda oficial, les provoca un contento sin par. Ruckauf también suelta un soplido de satisfacción. Y actúa de inmediato. A Finauri, como si no fuera más que una encomienda, la despacha a Nueva York, a las oficinas de la ONU; designa directora de Ceremonial y Protocolo a Lorena, y en el fiel policía Toresán deja la responsabilidad de conducir la Secretaría Privada. Un nombramiento sin dudas simbólico y a todas luces irregular, pues al decir del reglamento interno de la Policía Federal ningún oficial en actividad puede desempeñar un cargo de esa naturaleza.

Serán, para Ruckauf, los días más gratos de su temporada en el Senado. Toresán, Falduto, Lorena, Labato y el comisario Giacomino conformaban una suerte de obsecuente grupo de tareas varias que sin reparos lo acompañaba constantemente en cada uno de sus movimientos y decisiones. El enlace político con Duhalde, además, crecía, cada día cobraba mayor consistencia. El 17 de octubre de 1998, el gobernador de la provincia de Buenos Aires y precandidato a la presidencia de la Nación consigue abarrotar Plaza de Mayo con sus seguidores. Es la primera y gigantesca demostración de fuerza de Duhalde contra Menem. De cara a un gentío calculado en cien mil personas, grita: "¡Ya ven, no estoy solo en esta trinchera!". Y así es. A sus espaldas, desde un balcón de la Casa Rosada, Ruckauf sonríe, la mano alzada ensayando la V de la victoria. En ese momento Ruckauf presidía el Poder Ejecutivo pues Menem se encontraba en la ciudad de Oporto, en Portugal, asistiendo a la VIII Cumbre Iberoamericana.

Una vez que el acto hubo finalizado, Ruckauf, lleno de alegría, llamó por teléfono a Duhalde para felicitarlo y hacerle saber que podía contar con todo su apoyo. La campaña del vicepresidente estaba en marcha: la gobernación de la provincia de Buenos Aires. Ya había tomado el recaudo de mandar al diablo el histórico domicilio de La Paternal y declarar como residencia fija Ezeiza, en el club de campo El Ombú, donde tenía su casa de fin de semana. Debía, claro, sortear algunos obstáculos. Hacía años que los segundones de Duhalde, Alberto Pierri y Osvaldo Mércuri, entre otros, estaban saboreando la posibilidad de heredar el territorio. Ruckauf, decían ellos con desprecio, no era más que un intruso, un porteño que nada tenía que hacer por esos pagos. El primer paso del vicepresidente es valeroso pero, en particular, inteligente. "Pierri pone en riesgo la carrera presidencial de Duhalde y es un obstáculo para la candidatura a la gobernación", declara. "Pierri es el Herminio Iglesias de Duhalde", dice al diario *Página/12*. Precipitarse sobre Pierri era fácil. Como lo había sido poner el dedo sobre Saadi. La sociedad había adoptado esos apellidos como sinónimos de violencia y falta de escrupulosidad. Jacinto Gaibur, vocero de Pierri, reacciona de inmediato con furia. Llama por teléfono a Julio Macchi, jefe de prensa de Ruckauf, y con su acostumbrado acento borrascoso le dice: "En honor a los años que nos conocemos, te aviso, porque el que avisa no es traidor, que no nos vamos a bancar esta agresión de Ruckauf. Te aviso que la respuesta va a ser muy fuerte y, en lo personal, espero que las balas no nos toquen a nosotros dos". Macchi no le presta demasiada atención a las palabras de Gaibur, pero Ruckauf, tras escuchar el relato de su hombre de prensa, encuentra allí una buena excusa. Exige a Macchi que presente de inmediato una denuncia por amenazas. Luego, a todos los diarios del país revela que Macchi ha sido intimidado por Pierri. La cólera que se apodera de Gaibur es tremenda. Reúne todos los documentos que comprueban la pésima administración que Ruckauf está llevando a cabo en el Senado, y en una confitería de avenida del Libertador entrega la carpeta a un periodista de la revista *XXI*. La publicación de los desarreglos administrativos del presidente del Senado alcanza una difusión tan veloz como inesperada. Acorralado por las circunstancias, la reacción de Ruckauf será simplemente burlesca: dispone la creación de una comisión investigadora y, con el fin de ofrecer una imagen de rigurosidad y transparencia, ordena que un radical la presida. Pero no un radical cualquiera. Escoge a Mario Pontaquarto, su amigo y camarada de viajes; una astuta broma que entre los mismísimos legisladores de la UCR excita el rechazo. La investigación, desde luego, resultará un fiasco.

En enero de 1999, efecto de las sospechas que había creado el informe de la revista *XXI*, Matilde Guerrero y Eduardo Cartelli se marchan del Senado. También Lorena, aunque por motivos que no viene a cuento referir. Ángel Antonio Santangelo la sustituye. Un hombre cargoso, charlatán, que había sido asesor de Ruckauf en el Ministerio del Interior; su mujer, íntima y antigua amiga de Marisa; una persona, Santangelo, de actividades dispares: un restaurante a pocas cuadras de la Cancillería; encargado de una oficina dedicada a importaciones; propietario de una excelente residencia en Villa Gesell, a metros del chalet "Afrodita", de su amigo Ruckauf, y cercana a la casa del bienaventurado policía Giacomino. En marzo de 1994 Santangelo había aparecido por vez primera en los diarios. Y por razones poco edificantes: en una redada policial fueron detenidos *in fraganti* un puñado de hombres en el preciso momento en que abonaban la pertinente cuota del *retorno* establecido por la obra social de jubilados para obtener mayores prestaciones. Todo ocurrió en el salón principal del Banco de Crédito Argentino. Y fue filmado. Entre los llamados *recaudadores* figuraba Osvaldo Calvo, presidente de ADEPRA (Asociación de Clínicas Psiquiátricas de la República Argentina). Entre los que pagaban se encontraba un representante de la clínica psiquiátrica Esquirol, que llevaba consigo un sobre en cuyo frente titilaba una desfachatada inscripción: "Cápita pagada por PAMI, porcentaje 25%", y, en su interior, la suma de 31.950 pesos. Ángel Santangelo se vio doblemente enredado, pues en ese momento, además de oficiar de asesor de Ruckauf en el Ministerio del Interior, era tesorero de ADEPRA y dueño de Esquirol. Al término del allanamiento en la sede de la asociación, los investigadores fueron elocuentes: "Hay conexiones con el PAMI". Entre los elementos secuestrados se encontraban diversos volantes con la consigna "Vote para adelante, Menem 95". Todo movía a pensar en la existencia de una organización, encabezada por la cúpula de ADEPRA, que tenía como fin recaudar los *retornos* exigidos por el PAMI. A pesar de la profusión de evidencias, el juez Juan Mahdjoubian resolvió desprocesar a todos los implicados en el delito.

A mediados del año 2000, un informe de la Auditoría General de la Nación revelará de manera detallada la infinidad de irregularidades cometidas por Ruckauf durante su estadía en el Senado. En el apartado *Limitaciones al alcance*, el informe sostiene: "Esta auditoría no pudo contar para su análisis con el expediente nº 26.062/96 —Contratación Directa nº 30/97—, que incluye las órdenes de compra nº 60/97 y nº 62/97, sobre equipamiento del Jardín Materno-Infantil". Más adelante, en el ítem *Aclaraciones previas*, se subraya: "Con relación a la muestra de expedientes de contrataciones, la misma se determinó en base a la significatividad económica de la operación, representando un 20% de dicho universo, el cual implica un total de $ 4.392.289,20. Igual criterio fue aplicado en el caso de gastos por caja chica y reintegros de gastos no comprendidos en el régimen anterior, conformando un total de $ 285.198,87".

Pero es en el capítulo titulado *Comentario y observaciones* donde, de forma minuciosa y rotunda, se refieren los principales actos irregulares, por momentos con rasgos delictivos, que ejecutó el presidente del Senado:

• "Se verificaron operaciones de adquisición de bienes y servicios llevados a cabo fuera del servicio de compras, situación ésta que deriva en la falta de una centralización de las mismas".

• "Se constató que un 14% de las compras efectuadas por caja chica presentaban desdoblamiento de facturas respecto de la compra de bienes de un mismo rubro. Asimismo, el 10% de dichas adquisiciones superaban el límite autorizado por el DP nº 98/95".

• "Se determinó del examen practicado sobre las compras de bienes efectuadas mediante el reintegro de gastos, las siguientes situaciones:

a) "Ausencia de una normativa que regule este tipo de operaciones determinando procedimientos a seguir, límites de compra, tipo de adquisiciones, plazos dentro de los cuales debe efectuarse la rendición del gasto, justificación de la necesidad de recurrir a esta modalidad, áreas que intervienen en el circuito y responsabilidades".

b) "Adquisiciones que por su previsibilidad y por el monto involucrado correspondería haberlas tramitado de conformidad con el Decreto nº 5720/72 (licitación)".

c) "Compras de cuya rendición no resulta la justificación de su necesidad ni el destino dado a las mismas, teniendo como única referencia que se tratan de gastos protocolares".

• "De las verificaciones practicadas sobre la registración presupuestaria, surge que no se cumplen los criterios de registro del compromiso, devengado y pagado, establecidos por la Secretaría de Hacienda —Resolución nº 358/92".

• "Se advirtió del listado de contrataciones remitido por el organismo, que para los años analizados, 1996-1998, el 73% respondían a contrataciones directas, el 17% a licitaciones privadas y el 10% a licitaciones públicas. Teniendo en cuenta dichos porcentajes, y específicamente en lo que a contrataciones directas se refiere, el 60% de las mismas superaban el monto fijado para contratar a través de esta modalidad, según lo dispuesto en el respectivo jurisdiccional. Sobre este aspecto, cabe señalar que de las verificaciones practicadas sobre las contrataciones analizadas, las responsabilidades por los actos de autorización y aprobación del gasto recayeron en los niveles de Director de Coordinación Contable Administrativa y Secretario Administrativo del Honorable Senado de la Nación".

• "Con respecto a los expedientes analizados, cabe efectuar los siguientes comentarios:

a) "Se comprobó que en algunos casos para contratar directamente se lo hizo por razones de urgencia (art. 56, inc. d, Decreto nº 5720/72) sin que pudiera comprobarse los extremos que acrediten la existencia de circunstancias imprevistas que no permitan esperar el llamado a una licitación".

b) Se constataron deficiencias en un 47% de las contrataciones vistas, relacionadas con los requisitos legales que deben contener los pedidos al iniciar los trámites de la contratación, específicamente en aquellos aspectos vinculados a la descripción del objeto, fundamento de la necesidad y costo estimado".

c) "En un 34% de las contrataciones analizadas, se advirtió que no constan en las actuaciones los Pliegos de Bases y Condiciones que determinen las características, especificaciones y calidades mínimas de los elementos que se licitan".

d) "Se verificó la ausencia de documentación que acredite

fehacientemente la publicación en el Boletín Oficial, del llamado a licitación en las Licitaciones, en un 53%, y con respecto a las Licitaciones Públicas en un 17% de los casos analizados. En cuanto a la publicación de la preadjudicación, dicha deficiencia se presentó en el 80% y el 67%, respectivamente".

• "Del examen de las contrataciones recaídas en la muestra pudo establecerse que:

a) "No constan los instrumentos que acrediten de manera fehaciente la representación legal que ejercen los firmantes de las distintas propuestas presentadas (Ofertas) por las firmas invitadas a participar, como también de los que resulten las personas autorizadas para firmar o suscribir los contratos y correspondientes recibos de pago".

b) "Por otra parte, no resulta de algunos presupuestos que se haya dado cumplimiento a lo establecido en los Pliegos de Bases y Condiciones, con relación a lo dispuesto por el artículo 9º de la Resolución General nº 3803/94 DGI. Asimismo, no se desprende de las actuaciones documentación que acredite la presentación del formulario de inscripción en el CUIT ni el Alta de Beneficiario".

c) "En un 36% de las contrataciones verificadas no consta la documentación que acredite de manera fehaciente el medio por el cual se procedió a invitar a las firmas presentadas".

d) "Asimismo, en un 30% de los expedientes analizados no se desprende que haya tenido lugar el correspondiente acto de apertura de ofertas".

e) "En un 36% de las actuaciones analizadas se advirtió la falta de intervención de la Comisión de Preadjudicación".

f) "En un 11% de las contrataciones vistas se observó la no elaboración del cuadro comparativo de precios".

g) "No consta en los expedientes analizados la documentación de respaldo que certifique la integración de las garantías de oferta y adjudicación en un 79% y 55%, respectivamente, ya sea mediante recibo extendido a favor del proveedor por parte del área que recibe la garantía o por su agregación al expediente de fotocopia certificada del pagaré, título o documento constitutivo de aquélla".

h) "Por último, se advirtió en un 53% y 81% de las contrataciones recaídas en la muestra, la falta de cumplimiento de los criterios establecidos por la Resolución nº 358/92 S.H. para el registro del compromiso y devengado, respectivamente".

• "Con respecto al análisis efectuado sobre el registro patrimonial y las verificaciones practicadas in situ, pudo observarse que algunos bienes carecían de la chapa identificatoria correspondiente —número de inventario—, obstaculizando su correcta individualización:

a) "La falta de correspondencia entre los bienes que figuran en el registro patrimonial y los efectivamente visualizados, atento que los mismos no reúnen las especificaciones detalladas en la respectiva orden de compra (cunas de madera)".

b) "La inexistencia del bien registrado (Laberinto Space Tube). En cuanto a ello cabe precisar que no consta del registro patrimonial la baja del mismo".

• "De la compulsa de precios efectuada en plaza con relación a determinados bienes adquiridos por el organismo a través de las órdenes de compra analizadas, los cuales fueron seleccionados al azar, pudo constatarse que los precios oportunamente abonados resultaron en algunos casos superiores a los del mercado".

• "Del análisis efectuado con relación a las contrataciones recaídas en la muestra (expedientes nº 25.571/96 y 25.954/97), actuaciones que tramitaron bajo el régimen de la Ley nº 13.064 (Ley de Obras Públicas), pudo advertirse que no resultan de las actuaciones constancias de los siguientes antecedentes: aprobación del proyecto de la obra y de su presupuesto; juego completo de las Bases de la Licitación; régimen de obligaciones y responsabilidades de las partes ante incumplimiento o cumplimientos defectuosos del contratista, responsabilidad de éste ante terceros por los daños que pudiera causar la obra, cuestiones vinculadas con el

154

cumplimiento de las obligaciones laborales del personal contratado para la obra; plan de trabajo debidamente aprobado por el comitente, que debe acompañar el contratista al iniciar la obra, al cual éste debe ajustarse".

• "No resulta de las actuaciones constancia que certifique la delegación de competencia del Sr. Presidente del Honorable Senado de la Nación para que otro funcionario firme los respectivos contratos como tampoco la autorización y aprobación de los mismos".

Es decir, pago de sobreprecios; desaparición de expedientes y objetos; antojadizas contrataciones directas; *gastos protocolares* no identificados; ausencia de documentación esencial en la mayor parte de las obras contratadas; fraguadas *razones de urgencia* para eludir el llamado a licitación; constante inobservancia de básicos requisitos legales; etcétera.

Por último, tras considerar la magnitud del enmarañamiento administrativo que ha sido el paso de Ruckauf por el Senado, la Auditoría General de la Nación aconseja la realización de futuras auditorías. El equipo médico, resucitador incluido, tampoco fue hallado por los investigadores pues Labato, muy probablemente presa de la distracción, se lo había llevado a La Plata luego de la asunción de Ruckauf como gobernador de la provincia. Tiempo más tarde, a partir de una investigación iniciada por el vicepresidente Carlos *Chacho* Álvarez, el médico de cabecera de Ruckauf tendría la gentileza de devolverlo. Pese a todo, Labato pudo llevarse un buen recuerdo del Senado: una hermosa casa en el club de campo El Ombú, en el partido de Esteban Echeverría, contigua a la de su generoso jefe y paciente, y a pocos metros de la que también supo construir, casualmente en la misma época dorada del Senado, el comisario inspector Roberto Giacomino, otro dilecto y agraciado amigo de Ruckauf.

El destino que les ha tocado en suerte a las decenas de miles de pesos que se difuminaron de las arcas del Senado a causa de las irregularidades mencionadas comporta un intrincado misterio. Allegados a los Ruckauf, no obstante, sugieren enderezar la vista hacia Italia y los Estados Unidos. Marisa, afirman, sería titular de una sustanciosa cuenta en la Banca Nazionale del Lavoro, en Roma, y Carlitos tendría un par de cuentas en instituciones bancarias de Miami. Habladuría fatua e improbable, fruto quizá de la maledicencia o de la más supina de las ignorancias. Pues acaso convenga traer a la memoria la primera orden que Ruckauf profirió al poner los pies en el Senado: "No más diarios ni café para ningún senador. Desde ahora habrá austeridad en esta casa. Si quieren diarios, que los compren de su bolsillo. Igual para el café. De ahora en más, té, mate cocido, esas cosas".

Epílogo

LA HORA DEL MIEDO

Ésta es la historia de un hombre
que supo muy pocas letras
y soñó con la justicia
de los héroes de historieta.
Y se disfrazó de bueno
con un disfraz de villano.
Y los malos de la historia
son los seres cotidianos.
Pobre Juan
el odio te hace muy mal.

Pasaje de *Juan Represión*, canción escrita por Charly García y grabada con Nito Mestre, *Sui Generis*, en 1974, y cuya difusión fue prohibida por el gobierno de Isabel Perón y José López Rega.

La noche cayó de pronto. En el palco no ha quedado nadie. Pero todavía retumban las últimas palabras del nuevo gobernador y las ruidosas palmadas que despertó su amenaza: "¡Ha llegado la hora de que los asesinos empiecen a tener miedo!". De la maqueta de la Virgen de Luján que el gobernador besuqueó con pasión hay un recuerdo entre las grietas de los tablones del palco. Un trozo, cerámica pintada de celeste, de su atavío. Irresponsabilidad del que la cargaba. En la plaza perduran algunos puñados de jóvenes; conversan, patean piedritas, latas de cerveza, las manos caladas en los bolsillos del pantalón. El resto de la gente se ha perdido por las calles. El gobernador ha ido a festejar.

Con Toresán, Labato, Santangelo; con Falduto, el comisario Giacomino y Marisa, y Carlos Germán y Guadalupe. Mañana comenzará a gobernar. Y lo hará de manera impía, como bien lo había dejado entrever en la campaña. "Abortista y anticristiana", le dijo a su adversaria. "Graciela Fernández Meijide es la cabecera de playa que quiere establecer la socialdemocracia europea marxista en la provincia de Buenos Aires". Y después se puso a repetir: "Para los padres de familia, trabajo; para los ladrones, la cárcel; para los asesinos, las balas de la ley". Y en más de una ocasión lo atacó la sinceridad y equivocó los términos: "Balas para los ladrones". Recomendó al gobierno nacional retirarse de inmediato del Pacto de San José de Costa Rica porque ese acuerdo internacional, demasiado benévolo con los *delincuentes, con los asesinos*, pero no con las víctimas, entorpecía la lucha final contra los malhechores, los villanos. Contra los diabólicos elementos del mal. Y, en plena campaña, tuvo la posibilidad de retribuirle a León Arslanian el tratamiento que éste le había dado años atrás, cuando le negó a Marisa el ascenso a camarista. Arslanian era ministro de Seguridad y Justicia del gobierno de Duhalde y había iniciado una profunda y trabajosa reforma en la bendita policía de la provincia de Buenos Aires. Luego de la irreprochable consagración de Ruckauf como candidato —había vencido a Cafiero por una diferencia del sesenta por ciento—, Arslanian creyó oportuno explicar a Ruckauf, con todo detalle, las modificaciones políticas en el área de la seguridad pública que estaba llevando a cabo. Lo llamó por teléfono. Pero el candidato no quiso atenderlo. Habló entonces con el candidato a vicegobernador, Felipe Solá, y le rogó que intercediera, que suponía fundamental un encuentro para conversar esos temas; dos horas, que venga con la idea de quedarse dos horas. Por fin se reunieron. Arslanian había preparado una exhibición de diapositivas; sobre la mesa había esparcido

158

expedientes, artículos, ponencias, estadísticas. Ruckauf llegó en compañía de sus inseparables policías Falduto, Toresán y Giacomino. Se saludaron de manera parca. Y Arslanian comenzó: "Más allá del carácter universal que es dable conceder a los derechos humanos, parecería ser que cualquier análisis referido a temas como la violencia y las condiciones bajo las cuales todo Estado debe proveer a la seguridad de los ciudadanos, debe partir de una adecuada delimitación del horizonte de comprensión y de un diagnóstico de la realidad socio económica, socio cultural y criminológica...". Ruckauf lo interrumpió. "Muy bien lo que decís, pero yo en mi gobierno quiero tener un comisario al frente de la policía. Y, además, voy a dividir el Ministerio. ¿Desde cuándo tienen algo que ver seguridad y justicia? Y ahora, disculpáme, pero tengo un compromiso muy importante". Dicho esto se retiró, seguido por Falduto, Toresán y Giacomino. Al día siguiente, aún aturdido por el insolente desplante del candidato, Arslanian buscó el socorro de Duhalde. "Este hombre va a romper todo lo que estoy haciendo", le dijo. Suponía que el gobernador, naturalmente, pues por alguna razón había requerido sus servicios, iba a comprender su recelo. Duhalde fue lacónico: "Yo también lo pensé mucho, y creo que lo que dice Ruckauf no va a estar mal". Arslanian cayó en la cuenta de que el ánimo reformista de Duhalde, divulgado con vehemencia a través de los medios de comunicación, no había sido otra cosa que una impostura, una inteligente maniobra política con el fin de aplacar la catarata de críticas que sin solución de continuidad caía sobre la ingobernable cúpula policial que el propio Duhalde había prohijado. Ni a Duhalde, y mucho menos a Ruckauf, en fin, les interesaba escarbar en la putrefacta y perversa estructura de la policía bonaerense. Arslanian renunció. Y el candidato, satisfecho, entendió que su discurso era el correcto. En cada una de sus declaraciones jamás dejaba de gritar: "¡Balas, balas, balas!". Y así, echando mano del triste y temible influjo que en la sociedad argentina suele ejercer la promesa de severidad y rigor, venció.

Luego de haber reunido un equipo de excelsas figuras, en el que sobresalían miembros de su familia y los amigos de siempre, y elevado de setecientos mil a dos millones de pesos el monto de sus *fondos reservados*, se puso a gobernar. A Esteban Caselli le cupo el cargo de secretario general de la Gobernación. El puesto le correspondía. Había sido un hombre de extraordinario valor en la campaña; por un lapso de meses había abandonado la beatífica paz de su cargo de embajador en el Vaticano, obsequio de Menem, sólo para colaborar en la elaboración de los discursos proselitistas. "Soy fiel a quien me da trabajo", dijo, con extrema sinceridad, el dueño de los océanos. El médico Alberto Evaristo Labato recibió de presente la vicepresidencia del Instituto de Obra Médico Asistencial de la provincia de Buenos Aires (IOMA). Una responsabilidad minúscula: supervisar la correcta prestación de servicios médicos a 1.300.000 personas, y administrar con mesura 500 millones de pesos al año. También en el IOMA, aunque peldaños más abajo, vocal del directorio, situó a su amigo Alejandro Benjamín Dosoretz, hermano de Daniel, su anfitrión en Fort Mayers. En manos de Ángel Antonio Santangelo dejó la Dirección Provincial de Asuntos Institucionales. Los policías Toresán y Falduto, pese a la expresa prohibición que establece el reglamento interno de la Policía Federal Argentina, pasaron a compartir la Secretaría Privada de la gobernación; sus nombres, desde luego, a causa de la mencionada incompatibilidad de sus funciones, no figuran en el organigrama oficial. Fabiana Laura Bielus, esposa de Toresán, quedó al frente de la coordinación general de la Unidad Gobernador. Ricardo

Rapetti, el hombre de los expedientes voladores en el Senado, fue nombrado asesor de la Subsecretaría de Técnica. Alberto Agustín Coto, que con plausible rigidez había colaborado en la administración de las finanzas del Senado, fue designado miembro del directorio del Banco de la Provincia de Buenos Aires. Al pequeño y caricaturesco Julio César Macchi, acaso el único de los hombres del magnífico equipo que Ruckauf sobrepasa en estatura, le confió la Secretaría de Prensa y Difusión, y a su lado, en el papel de subsecretario, puso a Carlos Germán, hacedor de la exitosa campaña publicitaria preelectoral. Al ex oficial de Inteligencia Guillermo Cherasny, el gobernador le encomendó una tarea compleja pero sin dudas acorde con su experiencia: la elaboración de una política de acción psicológica, es decir, el sesudo y maquiavélico arte de idear y echar al aire rumores, habladurías y versiones que sumerjan a los adversarios políticos en la irritación, en el desconcierto, en el ahogo intelectual. Y en Marisa delegó la presidencia del Consejo Provincial de la Familia y Desarrollo Humano, organismo que, por ley Nº 12.396, en el año 2000 tenía asignada una partida de 397.080.000 pesos, procedente de los graciosos y colosales fondos que cada año el gobierno provincial recibe del nacional en concepto de *reparación histórica*; dinero presuntamente destinado a becas y subsidios, y sobre cuyo empleo Marisa sólo deberá rendir cuentas a su esposo. Y, claro está, no abandonó a su suerte al leal comisario Giacomino. Una vez más, jefe de Custodia y, misión novedosa, encargado junto a Toresán y Falduto, del enlace operativo de la Policía Federal con los buenos muchachos de la policía bonaerense. Es que el *Dandy* se había convertido en su verdadero y enigmático hombre de confianza. Su quehacer trascendía largamente la continua protección de su jefe; asesoraba a Ruckauf en cuestiones de seguridad pública y asuntos de negocios; organizaba los encuentros del grupo de tareas varias en el club de campo El Ombú, donde las mujeres se sumían en partidos de golf mientras los hombres tomaban champagne, comían asado y tramaban los pasos futuros; con llamativa frecuencia viajaba al extranjero en representación de Carlitos para llevar a cabo misiones inefables.

A la fiel barra de amigos y parientes añadió otros hombres ejemplares. Raúl Otacehé pasó a ocupar el Ministerio de Gobierno; el ex intendente de Merlo arribó a La Plata con sus singulares asesores José Pedro, un ex subordinado del torturador Miguel Etchelolatz y del genocida Ramón Camps, y el sargento José Raymundo Moreno, hombre que fuera agente de Inteligencia en el partido de Merlo en tiempos de la dictadura militar. Más allá de su controvertida trayectoria como intendente, Otacehé era dueño de un atributo que contados políticos podían ostentar: su propia hermana, Zulema, lo había denunciado públicamente como supuesto partícipe en el comando de una banda de policías que, con la complicidad de algunos funcionarios judiciales, cometía atropellos de toda índole. Por lo demás, el nuevo ministro de Gobierno era una persona poco ducha para los números: en el año 1996 había solicitado dos millones y medio de pesos para pavimentar en Merlo mil cuadras que, de la noche a la mañana, se redujeron a poco más de doscientas. Ruckauf tuvo también el buen tino de rescatar de las catacumbas de la historia a Juan Carlos Piriz (a) el *Gordo*. El hombre apropiado para presidir el Mercado Central de Buenos Aires, pues a él le debe la sociedad la invención del aceitado sistema de reclutamiento de patotas y matones en el Mercado, cuando lo dirigió por vez primera, en el inicio del gobierno de Menem.

La elección de Felipe Solá como vicegobernador fue un estupendo acierto. El ex secretario de Agricultura y Ganadería de Carlos Menem había tornado popular un apotegma que en todo político con ansia de protagonismo absoluto sonaba seductor: "Para durar en el gobierno, hay que hacerse el boludo". ¿Qué mejor ladero, pues, podía haber conseguido Ruckauf para gobernar a su antojo sin temor a ser importunado por cuestionamientos u objeciones? Solá, además, contaba con una serie de virtudes que en más de un dirigente causaba gran atracción. Un discurso teñido de inofensiva propensión a la ecuanimidad; un inexplicable deseo de pertenencia al poder pero desprovisto de agallas; una catadura de persona decente y civilizada; aires de peronista melancólico y renovador. Un profesional de la política de la permanencia, en fin, que interrogado acerca de las razones que lo habían movido a aceptar el cargo, respondía sin vueltas: "Sí, él es un nazi. Pero así es la política. Solamente desde adentro se pueden modificar las cosas". Ruckauf, por tanto, podía sentirse tranquilo. Había de gobernar solo. O, en el peor de los casos, secundado por un hombre que, como mayor inconveniente, podría ser capaz de cuestionar algún acto de gobierno a través de una parrafada retórica y sentimental, carente de peso y relevancia.

De los buenos aires que había despedido el gobierno de Duhalde, estimó conforme al buen proceder político ratificar la continuidad de algunos honorables funcionarios. Juan José Mussi permaneció en el despacho de ministro de Salud, a pesar de la grave denuncia formulada por el Tribunal de Cuentas de la provincia: en un dictamen firmado por el relator Miguel Pouzo y la vocal Cecilia Fernández, el organismo solicitó a Mussi explicaciones acerca del destino que habían tenido 400 millones de pesos destinados anualmente a la asistencia de afiliados al PAMI. "El dinero se usó para pagar buenas prestaciones", fue la simple respuesta del ministro. Otro de los hacendosos funcionarios del gobierno de

Duhalde, Juan Alberto Yaría, continuó cómodamente instalado en su sillón de la Secretaría de Prevención y Asistencia de las Adicciones. Una permanencia a todas luces caprichosa, a juzgar por la denuncia penal presentada por un grupo de diputados radicales ante el fiscal de Cámaras, Héctor Ernesto Vogliolo, en julio de 1998, y hasta el momento a la espera de resolución: enriquecimiento ilícito (sólo en un año, el patrimonio de Yaría aumentó, de manera inexplicable, en 324.298 pesos); maltrato a chicos alojados en la clínica Gradiva, de la cual Yaría es socio-fundador; entrega de millonarios e irregulares subsidios a la Universidad del Salvador, donde Yaría es docente.

Con todo, abrumado por las sospechas y las denuncias, diez meses más tarde Yaría había de renunciar y, acaso para conferirle mayor fundamento a las acusaciones, lo haría presentando una rendición de cuentas en la que figuran gastos risibles: "Facturas telefónicas con llamadas al 0600 Sexphone y Línea Intensa; protectores diarios femeninos; tampones; tatuajes para uñas; preservativos; bikinis; slips; damajuanas de vino; champagne; alimento para gatos; desodorantes Axe; espuma de afeitar; tintura para el cabello; pantalones náuticos; zoquetes; consumiciones en McDonald's; bebidas alcohólicas...". Una infinita lista de adquisiciones de esta naturaleza con la que pretendía justificar gastos por un total de ocho millones de pesos. Rendición, claro, que el Tribunal de Cuentas rechazó de cuajo.

Orlando Caporal, otro de los hombres probos de la administración Duhalde, no perdió el empleo, aunque de la Secretaría General de la Gobernación debió partir hacia un puesto menor y, en particular, curioso: interventor en el Hipódromo de La Plata. Un nombramiento, sin embargo, que para un abogado de escabrosos antecedentes bien puede ser considerado un premio excesivo: en 1967, cuando se desempeñaba como secretario del juzgado en lo Penal nº 1 de

Azul, Caporal fue exonerado de la Justicia por incumplimiento de los deberes de funcionario. En 1970, en el juzgado nº 2 de esa ciudad, el juez Alberto Pujou lo procesó por "vaciamiento de empresa" en perjuicio de la firma De la Vega Hnos., de Olavarría, que actualmente opera con inmobiliarias y transportes de carga en general. En esa oportunidad, Caporal fue detenido por la policía y luego inhabilitado para ejercer la profesión de abogado en el departamento judicial de Azul. Un amigo suyo, Juan Carlos Pratte, logró huir al Brasil. En 1996, gracias a su amistad con el duhaldista Horacio Daniel Piombo, presidente de la Sala Segunda de la Cámara III de Apelación en lo Criminal y Correccional de La Plata, había logrado anular la prohibición que pesaba sobre él. Antonio Ernesto Arcuri (a) el *Gordo*, el buen amigo de Duhalde que a lo largo de años había sabido administrar a discreción los cientos de millones de dólares que reunió el Fondo del Conurbano, aceptó con satisfacción el cargo de asesor general de Gobierno. Suerte similar corrió el ex secretario administrativo del Fondo, el contador Luis María Cantarelli: miembro del directorio del Banco Provincia. Un hombre, Cantarelli, aplicado como pocos; un hombre numérico, habituado a compendiar los sinsabores de la existencia mediante el uso continuo de la partida doble; un funcionario que reparaba en minucias y no descuidaba detalle alguno. A punto tal, que solía exigirle a Duhalde un recibo por el sobresueldo que el gobernador le pagaba.

Por último, respondiendo a una expresa solicitud de Duhalde, el gobernador Ruckauf decidió mantener a Jorge Omar Rossi al frente del Instituto Provincial de Lotería y Casinos. Resolución por demás polémica: mientras Rossi prestaba juramento, una comisión especial de la legislatura de la provincia hacía conocer un informe lapidario acerca de su gestión; concretamente, y con sobradas pruebas, se lo acusaba de haber realizado de modo antojadizo la contrata-

165

ción directa de la firma Software de Juegos S.A., a la que entregó todo el manejo en la provincia del sistema de terminales de juego en tiempo real (on line). Un negocio de millones de dólares fundado en una engañosa *urgencia*. Pero Rossi, como Yaría, no duró mucho tiempo en el nuevo gobierno. A mediados de abril fue despedido.

Ruckauf, en fin, animado por el sostén que le proporcionaba la cercanía de un equipo de hombres tan rectos, había recuperado el espíritu militante, había vuelto a brindarles calor y vida a las ideas y los principios que habían sido la esencia de su formación política.

Entonces resolvió convertir la provincia en el campo de ensayo de una política policial fundada en la pendencia, en la provocación, en el fundamentalismo de un militar levantisco y desastrado que, a causa de la desfachatez de un indulto y la complicidad de una sociedad de memoria perezosa, había podido meter el cuerpo en el disfraz de político. Aldo Rico, ministro de Seguridad. Bastaba con echarles un vistazo a las imágenes que ilustraban los hechos más hazañosos de la vida reciente de Rico: el rostro pintarrajeado, la mirada cargada de prepotencia y la sonrisa descentrada, circundado por energúmenos de uniforme, en los levantamientos de Semana Santa y de Monte Caseros; la cara limpia, la mirada cargada de prepotencia y la sonrisa descentrada, circundado por energúmenos de civil, durante su irrupción en el hospital Larcade, de San Miguel, al grito de "¡El hospital es mío, es mío!". Bastaba con recordar la aguda reflexión que formuló a mediados de 1998: "A los delincuentes hay que matarlos en la calle, sin ninguna duda y sin tener piedad". Bastaba, en suma, con pasar la vista ligeramente por los nombres de las personas que conformaban su círculo fraterno para experimentar una profunda sensación de terror e inseguridad: contados eran los que no habían debido ofrecer explicaciones a la Justicia por la supuesta comisión de algún delito como, por ejemplo, contrabando, tráfico de armas y matonaje. Un distinguido grupo de hombres que tenía en Carlos *El Indio* Castillo, guardaespaldas de Rico, a su más cabal representante: acusado, por diversos testigos, del asesinato de Eduardo Fromigué, Juan Carlos Acosta y Graciela Yolanda Chef Muse, ocurrido en la medianoche del 12 de octubre de 1975 en la parrilla "Mi Estancia"; en 1976 formó parte de un Grupo de Tareas dependiente del Servicio Penitenciario Federal; sobrevivientes de los centros clandestinos de detención La Cacha y el Pozo de Banfield aseguraban haber sido víctimas de sus tormentos; en 1991, la policía halló un arsenal de guerra en su casa de Olivos, situada a dos cuadras de la quinta presidencial. Estuvo detenido a lo largo de dos años y luego regresó al regazo de Rico. Meses atrás, Castillo había intentado asesinar a Eduardo Galantini, intendente de la localidad correntina de Monte Caseros, porque el funcionario había denunciado que una resaca de carapintadas pretendía montar un centro de contrabandeo en la ciudad.

No suena a despropósito suponer que Ruckauf conocía a Castillo, pues el hombre, en 1975, había oficiado de matón al servicio de Lorenzo Miguel. ¿Podía Ruckauf, que había sido ministro de Interior y todavía vicepresidente de la Nación, ignorar estos datos? En nombre de los votos, y de acuerdos preexistentes, toda ignorancia era posible. Por ejemplo, obsequiarles espacios en el poder a hombres que debieran estar presos. Presumir que Ruckauf posó sus ojos en Aldo Rico alentado solamente por una sencilla correspondencia ideológica comporta una ingenuidad. Fueron muchos los millones de pesos que el duhaldismo había invertido en la consecución del apoyo de Rico. "Rico es un hombre honesto, un caballero", se apresuró a decir Duhalde tras el

167

anuncio de su nombramiento. Desde luego. El carapintada había respetado el acuerdo político-económico que celebró con Duhalde el 4 de agosto de 1994 en la residencia de Alberto *Toto* Lentini, amigo íntimo de Rico, en la calle Francisco Bourel 141, de Bella Vista: veintidós millones de dólares para distribuir entre los convencionales constituyentes del Modin a cambio del voto favorable a la cláusula que posibilitaba la reelección de Duhalde. Convencionales del Modin, como Santiago Chervo y Hernán de Benedetti, que no aceptaron el dinero, oportunamente tornaron público el carácter mafioso del pacto. Y el *Indio* Castillo solía jactarse de haber sido quien transportó, en una maleta, los millones que Duhalde pagó con el noble propósito de obtener la posibilidad constitucional de la reelección.

Pero sería precisamente este pacto el que había de conducir a Rico al abismo en cuestión de meses. Ruckauf, como era habitual, seguiría el desenlace del conflicto desde Fort Mayers.

En marzo la policía detiene al *Indio* Castillo en la provincia de Entre Ríos. Está acusado de intento de homicidio contra Eduardo Galantini, intendente de la localidad correntina de Monte Caseros. Castillo, por razones ignoradas, durante su declaración cae en digresiones y confiesa al juez el episodio de los sobornos en 1994. "Yo estaba presente cuando pagaron. Yo llevé la valija con la plata", dice. Y, con alegría, comienza a repetirlo por toda parte. Los grandes medios de comunicación y algunos integrantes de la dirigencia política de la Alianza vuelcan todo su repudio sobre Rico. Es una vergüenza que haya cobrado dinero para votar una cláusula constitucional; un hombre de semejante moral no puede dirigir el Ministerio de Seguridad; estamos en manos de una persona inescrupulosa. Duhalde suspira.

Es que a nadie se le ocurre formularse preguntas acerca del hombre que pagó y, por supuesto, que más favorecido había salido en el acuerdo: a fin de cuentas, había logrado la re-elección.

Rico, en tanto, procura salvar su imagen. Pero su comportamiento será grotesco. Convoca a conferencia de prensa y sin titubear exhibe una fotografía del Presidente De la Rúa a cuyas espaldas asoma la cara de un hombre. "Éste es Castillo", dice Rico con elocuencia. "Es custodio del Presidente". Y esboza una sonrisa pícara. El gozo de Rico se desvanecerá a la mañana siguiente: con prontitud, el ministro de Interior, Federico Storani, reúne al periodismo e informa que el hombre que Rico ha señalado como su deslenguado ex guardaespaldas no es más que un oficial principal, custodio sí del Presidente, de nombre Carlos Alberto Beraldi, y en efecto de fisonomía muy similar a la de Castillo. Será el payasesco final de Rico en el gobierno de la provincia; un alejamiento que habrá de demorar semanas en consumarse, tiempo que a Ruckauf le llevará aceptar la condición impuesta por el verborrágico carapintada para marcharse: el reintegro de los cuatro millones de dólares que había invertido en la campaña electoral del ahora gobernador.

El retorno de los jerarcas de la bendita policía, a cara descubierta, con nombre y apellido, ocurrió de inmediato. El comisario general Ramón Orestes Verón, hasta ese momento superintendente de Coordinación General del Ministerio de Seguridad, sustituyó a Rico. Y el comisario Eduardo Raúl Martínez (a) *El Millonario*, se convirtió en el virtual jefe de Policía de la provincia. Una pareja muy especial. Verón, que minutos después de asumir recibió la congratulación de Pedro Klodzyk, verdadero comandante en las sombras de la policía bonaerense, solía recordar a extraños y amigos, no sin orgullo, que en su haber tenía más de cincuenta muertes; en los años setenta, junto a Mario Naldi y

Oscar Rossi (a) *Cocodrilo*, había integrado la brigada antisecuestros del célebre comisario Polaris; por años tuvo a su cargo la dirección Narcotráfico, destino que todo buen policía desea alcanzar, pues de allí, hecho notable, se sale rico, poderoso y respetado; en 1995, a instancia del secretario de Seguridad de la provincia, Alberto Piotti, colaboró con el juez Juan José Galeano en la investigación del atentado terrorista contra la AMIA, pero su conducta motivó serias denuncias de dirigentes de la comunidad judía, que lo acusaron de haber orientado los pasos hacia circunstancias, nombres y lugares inconducentes. Fue apartado. En 1996, temeroso de ser víctima de la depuración policial que Duhalde había anunciado, Verón pidió el retiro; entonces, en sociedad con su amigo Naldi, instaló una agencia de seguridad privada.

Martínez, a diferencia de su jefe, tenía otro atributo: una inexplicable fortuna. Una casa valuada en ciento veinte mil pesos, en Martínez; dos automóviles Suzuki Swift; una casaquinta de novecientos metros cuadrados, con cancha de tenis y pileta, en el partido de Pilar; dos lotes en City Bell. Hacienda que había conseguido reunir en apenas diez años de trabajo, tras comandar la División Narcotráfico Norte, claro, y que rondaba los cuatrocientos mil dólares. Por lo demás, en 1978 un ciudadano alemán lo había reconocido como el policía que lo había atormentado con golpes y picana; los análisis que entonces efectuaron peritos forenses demostraron que así había sido. Pero Martínez recibió la gracia de un juez de la dictadura; un sobreseimiento carente por completo de fundamentos jurídicos. "Si yo encuentro un policía que tortura", diría con naturalidad Martínez meses más tarde de su nombramiento, a mediados del año 2000, "personalmente lo fusilo por la espalda".

Fundidos en un abrazo, Verón y Martínez resultaban la postal más acabada y emblemática de la historia de la policía de la provincia de Buenos Aires. Torturas y muerte, fortunas de extraña procedencia.

Primero con Rico, luego con Verón y Martínez, el anhelo de balas certeras y ejemplares del gobernador, una porfía de características abyectas en oportunidades, y punto focal, además, de su campaña y su administración, tuvo prontas consecuencias. No para disminuir el índice de delitos, claro está, que continuó con el triste promedio de cincuenta robos y cuatro homicidios diarios, sino para consagrar la comisión de abusos y vejámenes por parte de la policía. Al decir de los datos que se desprenden de informes elaborados por el Ministerio de Justicia de la provincia de Buenos Aires y la Coordinadora contra la Represión Policial, y del aporte de investigaciones periodísticas, la licenciosa política represiva ideada por el gobernador arrojó, en poco más de seis meses, resultados patéticos: las denuncias por aplicación de torturas en comisarías aumentaron setecientos por ciento; el promedio mensual de menores de edad muertos en presuntos enfrentamientos con la policía se duplicó; las investigaciones por apremios ilegales, abusos, cohecho y consumo de droga contra policías crecieron cincuenta por ciento; la participación de miembros de la policía en casos de robo, extorsión y privación ilegítima de la libertad continuó inalterable; la muerte de rehenes en operativos de tinte cinematográfico, con cientos de policías cebados acorralando en ocasiones a un par de delincuentes, se tornó habitual. El comisario de la seccional 1ª de Morón explicó al padre de una de las víctimas: "¿Sabe qué pasa? Tenemos orden de disparar". Sólo en la seccional 1ª de San Nicolás, a cargo del comisario Nicolás Gatti, las denuncias por torturas se triplicaron: de veintidós en 1999, saltaron a diecinueve en el primer semestre del año 2000; al término de una inspección judicial en los calabozos de la comisaría, lóbregos sucuchos que semejaban agusanados retretes, Gatti admitió al juez: "Están mugrientos, pero, doctor, ellos saben vivir así".

El defensor general de la provincia de Buenos Aires, Mario Coriolano, ofreció una lógica explicación: "Cuando los políticos hablan de mano dura, en las comisarías se tortura más". Y Ruckauf, fuera de sí, repuso: "No entiendo cómo hay quienes se ocupan de los derechos de los delincuentes. Les interesan sólo esos derechos humanos".

La promesa de una recompensa de seis sueldos a los policías que "detengan o ultimen delincuentes y salven la vida de rehenes", y la reforma del Código Procesal Penal, que contó con el amable voto de los legisladores de la Alianza y cuyo fin casi excluyente fue permitir los interrogatorios policiales y limitar las excarcelaciones, no le han servido de mucho al gobernador. El único y veloz efecto no ha sido otro que excitar aun más la inveterada brutalidad policial. La sola lectura de las estadísticas compendiadas párrafos atrás les proporciona pavoroso sustento a las palabras que oportunamente formuló el presidente del Tribunal de Casación Penal, Federico Domínguez: "El proyecto de Ruckauf de impedir las excarcelaciones es de inspiración nazi. Ruckauf quiere convertir la provincia en un campo de concentración". Y añadió el camarista Leopoldo Schiffrin: "Están suprimiendo la posibilidad de la excarcelación, y la Alianza ha cedido con mucha irresponsabilidad política, al punto de retrotraer la situación a la ley de la dictadura de 1978, modificada luego por el gobierno dictatorial porque era demasiado dura".

Gracias a un discurso cargado de furia inaudita, a su vehemente súplica de castigo, sopapos y desconocimiento total de todo derecho, Ruckauf ha logrado instalar en la sociedad, como lo hicieran los militares, la certeza procaz de que los hombres que cometen delitos nunca jamás pueden contar con la gracia de una investigación, un juicio y, claro, una posterior sentencia. El análisis que Ruckauf hace de la delincuencia está repleto de temibles prejuicios de cuño lombrosiano y autoritario. El triste y famoso *por algo será* ha ganado peligrosa dimensión y alcance. La presunción, el supuesto, han desaparecido. Son palabras que en ninguna de sus acepciones alguien emplea. Las personas que la policía mata a mansalva ya no son *presuntos* delincuentes. Son delincuentes, y otro final no les correspondía. Veinte disparos en el cuerpo, treinta, cien. Tanto da. La puesta en escena que realizan los noticieros de las redadas policiales penetra, taladra el cráneo, y en la gente concita el deseo de descuartizar al infortunado ladrón. A todos los ladrones. Ruckauf ha logrado dividir a la sociedad en buenos y malos y, hecho sin dudas que asusta, ha impuesto la frontera entre unos y otros a través de sus criterios morales. La moral que se ha descripto en este libro. A juicio de Ruckauf, las personas que cometen un delito han perdido la categoría de humanos. Contemplar y defender sus derechos es muestra de ignorancia y debilidad. ¿Qué son, pues, esas personas? "Fieras", dice Ruckauf. Fieras que sólo merecen el escarnio, la prisión perpetua, las balas; el apedreo, en plaza pública, de manos de la gente buena y civilizada, de los vecinos ilustres. Desplazados a esa categoría de mamíferos, con ellos todo proceder es lícito. El disparo a quemarropa. La tortura. La simulación de un suicidio en una celda de malamuerte.

"El incremento de la violencia y la referida alarma social impulsada por los medios", así continuaba la exposición de Arslanian que el todavía candidato Ruckauf no quiso escuchar, "empujan los índices de la sensación de inseguridad que de ordinario están muy por encima de los índices reales. De ahí en más

173

están dadas todas las condiciones para la aparición de nuevos liderazgos que preconicen la aplicación de mano dura y una opinión pública crispada que lo acompañe. Es evidente que en un contexto de las características expuestas, la discusión racional de los problemas de la seguridad se hace poco menos que imposible y el debate acerca de la conflictividad social como causa del incremento de la violencia, resulta impracticable. A decir verdad un debate como el que se pretende daría lugar a una discusión del modelo económico, para posibilitar la formulación de uno nuevo de inclusión social. Ello hace explicable la resistencia a tal tipo de debate".

El hombre de la foto, protagonista de esta historia, tiene ahora, primavera del año 2000, cincuenta y seis años, de los cuales pasó la mitad con algún miembro de la Policía Federal adherido a su cuerpo, noche y día, continuamente. Las encuestas sobre intención de voto a Presidente de la Nación le otorgan un veinticinco por ciento de simpatías, diez puntos más que su seguidor, Carlos *Chacho* Álvarez, y veinte más que De la Rúa, el Presidente. Del hombre de la foto, pues, se ha apoderado una ansiedad de notables rasgos enfermizos. Su gana de poder es precoz, razón por la cual ha resuelto echar por tierra el fogoso enlace político que había iniciado con De la Rúa a poco de la asunción. En Caselli ha dejado la responsabilidad de gobernar; los intendentes, los ministros, los secretarios de gobierno atraviesan con recogimiento la antesala donde suenan músicas sacras, y con Caselli charlan. Solá prosigue empeñado en cumplir a rajatabla el mandato de su apotegma. Ruckauf, en tanto, con la vista puesta en el año 2003 y el asesoramiento del eximio periodista Mauro Viale —cuyo humilde deseo es apropiarse de Radio Provincia— se entrega a la campaña. Ruckauf quiere ya. Llegar. Imagina elecciones anticipadas; incluso, no descarta la posibilidad de echar mano de la ley de acefalía. Entre sus colaboradores no deja de maldecir la lentitud del gobierno de De la Rúa; la pereza, la pusilanimidad del Presidente. Al igual que su amigo Duhalde, suele comentar: "Este gobierno cuenta con un cincuenta por ciento de probabilidades de terminar el mandato".

Meses atrás, última pregunta de la extensa entrevista que me había concedido, quise saber de qué se arrepentía. Mucho demoró para hallar en sus actos algún hecho pasible de pesar o bochorno. Largo silencio en el que supuse más de un motivo digno de arrepentimiento: haber integrado el gobierno de Isabel y la Triple A, y firmado el decreto que a las Fuerzas Armadas otorgó argumentos más que suficientes para planear y ejecutar la peor matanza que padeció el país; acaso haber recibido la protección de Massera durante la dictadura, mientras muchos de sus conocidos eran arrestados y golpeados y torturados y desaparecidos; por qué no haber apoyado, desde su banca de diputado nacional, los intereses de Alfredo Yabrán; sus tiempos de obsecuente menemista, quizá; el nombramiento de Rico, tal vez. No. Sus pensamientos andaban por otra parte. Dijo: "Sin duda, el haber festejado la caída de Illia. Yo creo que en esa época todos los que éramos peronistas, que festejamos el fin de la *tortuga*, de un gobierno lento, de poco carácter, no nos imaginamos primero que Illia era tan buena persona y muy decente. Y en ese golpe de Onganía fueron paridos los años de plomo".

Después se incorporó, me estrechó la mano y, recíprocamente, nos deseamos buena suerte. Un hombre alto, corpulento, de traje negro y mirada oculta detrás de anteojos oscuros, me acompañó hasta la escalinata del Banco Provincia. En la estrecha calle San Martín caía una lluvia menuda y pegajosa.

AGRADECIMIENTOS

A quienes trabajaron a mi lado desde el comienzo del proyecto: Paloma García, que con gran soltura y sin tomarse respiro hurgó en archivos, persiguió fuentes y halló caminos impensados; y Laura Giussani, lúcida y eficaz coordinadora de la investigación, oportuna crítica literaria y virtual coautora de buena parte de estas páginas. A Daniel Enz, Rogelio García Lupo, Isidoro Gilbert y Julio Algañaraz, por los valiosos datos que me acercaron. A Milo Aguirre, que jamás dudó en tenderme una mano cuando se lo solicité. A Daniel Vilá, por su disponibilidad. A Horacio Verbitsky, Miguel Bonasso y Juan José Salinas, de cuyas excelentes notas extraje ideas e inapreciables datos. A Andrés Klippham, por los indicios y las pistas que me reveló. A Chiquita Constenla, por su continua y abierta hospitalidad. A Felicitas y Armando, vecinos sin igual, por su constante paciencia y apoyo. Y un especial agradecimiento a Willie Schavelzon y Pablo Avelluto, que desde el inicio de este trabajo, cuando todavía el libro no era más que un vago proyecto, confiaron sin objeciones en mi oficio.

FUENTES

Más allá de la extensa entrevista con el gobernador Carlos Federico Ruckauf, para la realización de este libro han sido consultadas sesenta y nueve personas, en su mayor parte allegadas al propio Ruckauf en distintos momentos de su trayectoria política. Este relato, pues, no sólo está fundado en las fuentes documentales que más adelante se detallan, sino, por sobre todas las cosas, en los inapreciables testimonios de custodios, asesores, secretarios y amigos personales del ahora gobernador; periodistas, historiadores y ex ministros; diputados, senadores y empresarios; dirigentes sindicales y ex embajadores; ex alumnos de la Escuela de Yoga Argentina; funcionarios del Senado de la Nación, de la legislatura bonaerense y del gobierno de la Provincia de Buenos Aires; viejos dirigentes del Sindicato del Seguro, de la Unión Obrera Metalúrgica y del Sindicato Único de Petroleros del Estado; publicitarios; empresarios italianos; abogados laboralistas; funcionarios de los Patronatos italianos en la Argentina y allegados al fallecido empresario Alfredo Yabrán. A todos ellos, el más profundo de los agradecimientos.

LIBROS

Aguirre, Adolfo y Godoy, Daniel. *Las obras sociales en Argentina*. Cámara de Diputados de la provincia de Buenos Aires, 1999.

Asociación Madres de Plaza de Mayo. *Massera. El genocida*. Editorial La Página, Buenos Aires, 1989.

Avellaneda, Andrés. *Censura, autoritarismo y cultura: Argentina 1960-1983*. Tomos I y II. Centro Editor de América Latina, Buenos Aires, 1986.

Aznárez, Carlos y Calistro, Julio César. *Lorenzo. El padrino del poder sindical*. Tiempo de Ideas, Buenos Aires, 1993.

Bermúdez, Norberto. *Tangentina. Corrupción y poder político en Italia y Argentina*. Ediciones B, Buenos Aires, 1995.

Bonasso, Miguel. *Don Alfredo*. Grupo Editorial Planeta, Buenos Aires, 1999.

Calello, Osvaldo y Parcero, Daniel. *De Vandor a Ubaldini/1*. Centro Editor de América Latina, Buenos Aires, 1984.

Carpena, Ricardo y Jacquelin, Claudio A. *El intocable. La historia secreta de Lorenzo Miguel, el último mandamás de la Argentina*. Editorial Sudamericana, Buenos Aires, 1994.

Cerruti, Gabriela. *El Jefe. Vida y obra de Carlos Saúl Menem*. Grupo Editorial Planeta, Buenos Aires, 1993.

Comisión Nacional sobre la Desaparición de Personas (CONADEP). *Nunca más*. Eudeba, Buenos Aires, 15ª ed., 1987.

Dutil, Carlos y Ragendorfer, Ricardo. *La bonaerense. Historia criminal de la policía de la provincia de Buenos Aires*. Grupo Editorial Planeta, Buenos Aires, 1997.

Gillespie, Richard. *Montoneros: los soldados de Perón*. Grijalbo, Buenos Aires, 1987.

Giussani, Pablo. *Los días de Alfonsín*. Legasa, Buenos Aires, 1986.

Godio, Julio. *El movimiento obrero argentino (1955-1990). De la resistencia a la encrucijada menemista*. Legasa, Buenos Aires, 1983.

Gorbato, Viviana. *La Argentina embrujada*, Editorial Atlántida, Buenos Aires, 1996.

Graham Yool, Andrew. *De Perón a Videla*. Legasa, Buenos Aires, 1989.

Hilb, Claudia y Lutzky, Daniel. *La nueva izquierda argentina: 1960-1980*. Centro Editor de América Latina, Buenos Aires, 1984.

Kimel, Eduardo. *30 años de historia política argentina (1965-1995)*. R.R. Ediciones, Buenos Aires, 1996.

López Echagüe, Hernán. *El enigma del general*. Editorial Sudamericana, Buenos Aires, 1991.

López Echagüe, Hernán. *Gajes del oficio*. Editorial Sudamericana, Buenos Aires, 1993.

López Echagüe, Hernán. *El Otro. Una biografía política de Eduardo Duhalde*. Grupo Editorial Planeta, Buenos Aires, 1996.

Paino, Horacio. *Historia de la Triple A*. Editorial Platense, Montevideo, Uruguay, 1984.

Saer, Juan José. *El río sin orillas. Tratado imaginario*. Alianza Editorial, Buenos Aires, 1991.

Senén González, Santiago. *Diez años de sindicalismo argentino. De Perón al Proceso*. Corregidor, Buenos Aires, 1983.

Taiana, Jorge. *El movimiento obrero (1973-1988)*. Cuadernos de Crisis, Buenos Aires, 1989.

Torre, Juan Carlos. *Los sindicatos en el gobierno 1973-1976*. Centro Editor de América Latina, Buenos Aires, 1983.

Uriarte, Claudio. *Almirante Cero*. Grupo Editorial Planeta, Buenos Aires, 1991.

Wornat, Olga. *Menem. La vida privada*. Grupo Editorial Planeta, Buenos Aires, 1999.

DIARIOS (período mayo de 1975/julio de 2000, salvo aclaración)

La Nación
Clarín
La Opinión (junio de 1975/marzo de 1976)
Página/12 (diciembre de 1987/julio de 2000)
La Razón
Crónica
El Cronista Comercial
Ámbito Financiero

REVISTAS

El Caudillo (colección completa)
Nuestro Tiempo (publicación del Sindicato del Seguro. Colección)
XXI, XXII y *XXIII* (colección completa)
Trespuntos (colección completa)
Gente
Somos
El Porteño (colección completa)
Humor
Noticias
Revista *La Nación*
Revista *Viva* (Clarín)
Caras
Rolling Stone (números 20 y 21, artículos del autor)

OTROS

Honorable Cámara de Diputados de la Nación, diario de sesiones, período 1988.

Causa nº 66.287, de la Secretaría nº 113, a cargo del juez de Instrucción Mariano Bergez (investigación sobre las actividades de la Escuela de Yoga Argentina).

Presentación judicial del señor Giorgio Solighetto, ante el Tribunal de Milán de la Procuraduría de la República de Italia, 9 de enero de 1997.

Causa judicial Serri (MAT SpA) c/ República Argentina y Banco Hispano Americano, solidariamente, por daños (inducir a la quiebra) y maniobras de corrupción, por un monto de U$S 100 millones (1995).

Causa judicial: Dr. Giorgio Solighetto c/ República Argentina y Banco Hispano Americano, solidariamente, por daños y perjuicios ocasionados por su desvinculación del Banco a raíz de las maniobras tendientes a la quiebra de MAT, por un monto de 30 millones de Euros (aproximadamente U$S 45 millones), en Milán (20/7/99).

Causa judicial: Darwin Armando Torres y Adalberto Luis Orbisso contra Banco Central Hispano Americano, Capital Federal, 28 de abril de 1997.

Pedidos de informes presentados en la Cámara de Diputados de la Nación Argentina, impulsados por los legisladores Juan Pablo Baylac, Horacio Jaunarena, Silvia Vázquez, Víctor Bisciotti y Walter Ceballos, entre otros, el 11 de diciembre de 1991 y el 10 de abril de 1996.

Presentación ante la Oficina Anticorrupción hecha por la diputada nacional Nilda Garré a mediados de 1999. Asunto: participación de Carlos Federico Ruckauf y miembros del gobierno de Carlos Menem en la malversación de un crédito avalado por el acuerdo bilateral con la República italiana.

ÍNDICE

HERNÁN LÓPEZ ECHAGÜE

PALITO

Detrás de la máscara

Editorial Sudamericana

Esta edición de 18.000 ejemplares
se terminó de imprimir en
Indugraf S. A.,
Sánchez de Loria 2251, Bs. As.,
en el mes de noviembre de 2000.